憂鬱的種類

關於陰暗情緒的希望指南

Varieties of Melancholy

A Hopeful Guide to
Our Sombre Moods

THE SCHOOL OF LIFE
人生學校——著
林怡婷——譯

方舟文化

THE SCHOOL OF LIFE

人生學校

人生學校是一間全球性組織，致力於協助人們過上更充實的生活。我們提供資源，協助人們認識自己、改善關係、職業生涯與社交生活，同時也協助人們尋找平靜，充分利用閒暇時光。我們透過影片、工作坊、書籍、應用程式、禮品與社群來達到上述目標。你可以透過網路、門市以及世界各地的溫馨角落找到我們。

目次

contents

導論

要應付生而為人所不可避免的不快情緒有很多種方法：我們可能勃然大怒、陷入絕望、尖叫、哀悼、惱怒或哭泣。不過要面對人類擺脫不了的悲慘與缺憾，除了沉浸於某種情緒中，大概沒有更好的方法，而這種情緒在瘋狂的現代世界仍鮮少受到討論，那就是**憂鬱**。有鑑於我們所面對的挑戰艱鉅，因此我們的目標不應是永遠保持開心，重要的是掌握有智慧且有效的方法，將不快轉化為緩和的悲傷。如果受苦的方式有所謂優劣之分，那麼憂鬱值得受到讚頌，尊為面對生存挑戰的最佳應對之道。

首先，我們必須釐清憂鬱**不是**什麼。憂鬱不是怨恨。憂鬱的人不像怨恨者還保有一絲樂觀態度，因此也不會失望，更不必回以憤恨的低吼。憂鬱者很早就瞭解人生多半只是痛苦，也據此形塑自己的世界觀。當然，他們並不是喜歡受苦、遭受惡劣對待或生活艱辛，但他們也沒有自信相信人生還有其他樣貌。

同樣的，憂鬱也不是憤怒。憂鬱起初也許包含憤怒，但早已消散，化作一種溫和、帶有哲學意味的態度，能夠容忍世事的不完美。憂鬱者以見怪不怪的「我就知道」心態來面對令人灰心的糟糕事物：我就知道伴侶想要分手（正當我終於習慣對方的存在）；我就知道這家店要停止營業；我就知道朋友會騙人；我就知道醫生要建議我轉診到專科部門。這些正是人生可能出現的糟糕事。

然而，憂鬱不等於妄想症。壞事必然會發生，但憂鬱者知道壞事不只發生在自己身上，也不是因為自己犯了什麼大錯：只要在世上待得夠久，壞事就是有可能降臨在所有平凡人頭上。每個人的好運遲早要用光。憂鬱者早就設想到這些問題。

此外，憂鬱也不是憤世嫉俗，憂鬱者並沒有把悲觀當作防衛機制。他們不會不由自主地詆毀一切來保護自己免受傷害，他們仍能從小事中找到快樂，偶爾期望一兩件小細節順順利利。他們只是很清楚，沒有什麼是一定的。

因為憂鬱者意識到萬事萬物的不完美，瞭解理想與現實間長存的差距，因此他們尤其擅於察覺微小的美好。花朵、童書中溫情的片刻、陌生人意外的善舉、薄暮中灑落在老舊牆壁上的陽光都可能令他們深受感動。

憂鬱者最受不了的就是被要求強顏歡笑。辦公室文化可能很難熬，消費文化更是惱人。某些國家和城市似乎對憂鬱比較寬容，憂鬱者在越南河內和德國不來梅很自在，在洛杉磯卻幾無容身之地。

本書的目標是重振憂鬱的地位，突顯其重要性並釐清其角色，以便進一步討論。一個社群是否重視憂鬱這種情緒，能否接納憂鬱的戀愛關係、憂鬱的孩童、憂鬱的假期或憂鬱的公司文化，該社群的態度是判斷其文明程度的標準之一。某些年代的憂鬱色彩較為濃厚，例如十五世紀的義大利、江戶時代的日本、十九世紀晚期的德國，他們賦予憂鬱崇高地位，因此當憂鬱襲來時，個人不會感覺過於煩擾或陌生。我們的目標是打造一個憂鬱素養更高、更願意接納憂鬱的當代世界。

本書接下來將描繪不同種類的憂鬱。我們邀請讀者以自己的經驗來思考，在這項任務中，大家都可能是專家。只要憂鬱重拾應有地位，我們就會發現，認識他人最真誠的方法，就是以體貼及同理心直接詢問：你為什麼憂鬱呢？

01

智商與憂鬱

Intelligence & Melancholy

回顧憂鬱史的早期，希臘哲學家亞里斯多德據說曾提出一個聽起來有點自大的問題：為什麼那麼多哲學、政治、詩歌或藝術領域的傑出人才都有些憂鬱？亞里斯多德以柏拉圖、蘇格拉底、海克力斯（Hercules）、大埃阿斯（Ajax）為例來證明憂鬱與卓越的關聯。這樣的聯想延續到後世，中世紀時，人們常說憂鬱者是「在土星座下出生」，土星是當時所知距離地球最遙遠的星球，具有冰冷、陰鬱的特質，同時也擁有激發非凡想像的能力。自此，憂鬱者漸引以為豪，因為他們可以察覺樂呵呵的人容易錯過的事物。

年輕的英國貴族對於自己感傷大使的身分感到驕傲，他們委託繪製肖像畫，擺出憂鬱的姿勢，穿著憂鬱的標誌顏色（黑色），孤苦地凝望遠方，感嘆聰穎過人的自己所無法忽視的不完美。

一五一四年，阿爾布雷希特・杜勒（Albrecht Dürer）以一位失意天使的形象來描繪憂鬱，她身旁擺放各種不受重視的科學及數學儀器。天使的一旁有一個多面體，這是一種複雜但形體完美的幾何形狀。畫作的意涵是，天使渴望理

右：尼可拉斯．西里亞德（Nicholas Hilliard），《玫瑰花叢中的年輕男子》（*Young Man Among Roses*），約 1585-1595

下：艾薩克．奧利佛（Isaac Oliver），《徹伯里男爵一世愛德華．赫伯特》（*Edward Herbert, 1st Baron Herbert of Cherbury*），1613-1614

性、精準、美麗與秩序，因而對世界的實際樣貌感到沮喪。

如果我們認真思考亞里斯多德的問題，聰明而憂鬱的人會注意到哪些較平庸的人容易忽視的事物呢？以下茲舉幾個例子：多數社交場合的虛偽；別人所說的話和其真實意涵的差距；政治人物和企業的高談闊論；求取名譽只是白費力氣；即便最親密的關係有時也逃避不了孤獨；教養過程中的失望；友誼中的妥協；城市的醜陋；人生的短暫。

但如果說黑暗的洞察就是聰明的表徵，那又過於簡化。我們之所以說憂鬱與智商相關，是因為憂鬱的人能避開兩種平庸之人常犯的錯誤：一是憤怒，二是天真幼稚。

和易怒的人一樣，憂鬱的靈魂也知道世事不該是這個模樣，但他們碰到不合己意的情況，能夠壓抑以怒氣來回應的衝動。他們當然也可以尋求正義，不過務實的態度更能幫助他們穩定心神，他們不會被突如其來的不如意嚇到，也不會回以惡毒的態度；他們打從一開始就明瞭現實的各種面向。

左：阿爾布雷希特・杜勒，《憂鬱I》（*Melencolia I*），1514

憂鬱的種類

Varieties of melancholy

另一方面，憂鬱者與「希望」保持合理的距離，他們和天真幼稚者不一樣，不會想像自己擁有完美無憾的人生；他們不會冀望獲得浪漫關係或成功職涯。他們知道即便要找到一段還算可以容忍的關係或是只有偶爾令人惱火的工作都實屬不易。但這不代表憂鬱者永遠愁眉苦臉或無法欣賞美麗與溫柔。其實，正是因為他們能夠意識到根本的黑暗，才有精力格外注意漆黑天空中偶爾迸發的明亮。憂鬱者可能滿懷感激，有時甚至歡天喜地，原因正是他們太過瞭解悲傷，而不是因為他們從未受苦。他們可能熱衷跳舞（即便舞技拙劣），或為了晴朗的天氣或美味的一餐大呼小叫。孩子發笑是因為某件事很有趣；而憂鬱大人的笑則更具深意，因為他們知道有多少事物充滿哀愁。

失望並不是什麼智識成就，快樂也不是。真正的人格成就是即便人生有所殘缺也能控制自己的脾氣；當一切明顯敗落時仍抱持希望。假如憂鬱者能自稱智商高於旁人，並不是因為他們博覽群書或身著時髦的黑色服裝，而是因為他們在人生無盡的失望與偶然的驚喜之中找到最理想的平衡。

02

藥丸與憂鬱

Pills & Melancholy

我們的文化不僅熱衷於尋找快樂，在許多情況下，也明顯難以容忍感傷的情緒。當我們心情低落，周遭的人們可能會轉換話題、推薦我們看一部驚悚片、建議去滑雪或給我們看些甜美或正能量的畫面。如果我們仍然提振不起心情，旁人可能指示我們尋求精神科醫師的協助，醫生會調整我們的血清素濃度，目標是讓我們盡快回到正常的狀態，能夠參與團隊運動、進辦公室上班、盡家國義務。

在某些情況下，精神科藥物確實帶來重大進展。而我們擔心的並不是想要幫助人們減輕悲傷的社會，我們擔心的，是社會其實無法接受人們有時也有哭泣的正當需求。

關於嬰兒一個常見的假想是，所有嬰兒隨時都可以開懷大笑。因此拜訪你家的親友中總有人不斷抖動鑰匙、做出誇張的表情或玩躲貓貓的遊戲，固執地想要逗嬰兒笑。他們行為的出發點雖然是好的，但嬰兒其實就和成人一樣，腦中也常想著沉重、嚴肅的事情。

他們可能想念子宮，或想著什麼時候可以吃下一餐；想要理解樹葉是什麼，或正思索鈕扣的原理。表面上興高采烈的成人也不一定真的開心，他們的問題在於無法忍受別人不開心，即便對方只是八個月大的嬰兒，因為這可能令他們不得不注意到自身尚未消化或無法自行排解的悲傷。嬰兒若有所思的表情，可能令他們想起已經離開的重要親人或是未能解開的悔恨，於是只好更加賣力地抖動鑰匙。

整個文化可能集體掉入否認痛苦的陷阱中，於是只好強顏歡笑。社會可能致力於宣揚活力與勝利，忽視所有人的生命中也有一大部分是關於失去、脆弱與悔恨。為了擠出笑容，我們的文化可能未能發展出相關儀式來同理悲傷，也未能建立起舉國哀悼的時刻，讓個人難以排解的情緒能在此時找到共同的表達及宣洩方式。

舉例來說，在集體的層次上，生日不該被塑造成單純只有歡笑的場合，壽星也該在旁人的陪伴下面對缺憾並接受同情。母親節或父親節也不該一味只有感恩與雀躍，這些日子也該允許喜憂參半的情緒或憤怒（有時甚至是勃然大怒），因為唯有如此，關愛的表達才更感真實。同樣的，家庭節日也不該純然只有歡慶的氣氛，我們也該可以在這些日子中爭吵、生悶氣，正視出身家庭中各種大大小小的不完美。與其對於困境大驚小怪，有智慧的文化能握著我們的手走過人生中的悲傷，也協助我們談論這些經驗。

若急於開藥來治療悲傷，這個文化可能錯失憂鬱的必要特質。憂鬱者的痛苦不需要被「解決」，他們需要的是抒發痛苦細節的機會，向體貼、不帶批判眼光、自己人生可能也有所殘缺的人傾訴苦痛。他們希望痛苦能獲得正常對待，陪伴度過傷痛就是他們所需要的「解決方法」。藥丸使憂鬱者沒有機會正視傷心背後所潛伏的孤寂。

若將憂鬱的情緒視作「生病」，將憂鬱者與其餘人群分隔開來，其實醫學文化無法為尋求治療者提供持續的協助。過去也許醫學較不發達，但心理學的運用更為靈活，他們發展出一個迷人而聰明的說法，讓陷入黑暗情緒的人自

左：查卡里亞斯 · 多蘭多（Zacharias Dolendo），《憂鬱的土星》（*Saturn as Melancholy*），1595

一說出自雅克 · 德 · 蓋恩二世（Jacques de Gheyn II），《風（憂鬱氣質）》（*Air*〔*Melancholicus*〕, *from The Four Temperaments*），1596-1597

Atra, animæque, animique lues aterrima, bilis
Sæpe premit vires ingenij, & genij.

3 HG.

稱「出生於土星座下」，而由於這顆星球的影響，他們無法隨時加入歡唱、出席派對或歡快地暢談。他們沒有生病，也不是瘋子，只是處於「土星時期」，可望不久之後就能稍微提振心情。

積極開藥來治療悲傷的做法意味著，像樣的人生不該有悲傷的存在。比起任何藥物，憂鬱的人們更渴望一個能瞭解人生悲歡離合的貼心社會，願意讓我們沉浸於悲傷中，以自己的步調來消解這份情緒。*

---

*編註：本書旨在探討憂鬱情緒而非憂鬱症，故此處並不鼓勵直接使用藥物來調整自身情緒。後者則屬生理性疾病，對生活能力與生理機能有很大影響，仍需尋求專業醫療協助，並於必要時採取藥物治療。

03

孤獨與憂鬱

Loneliness & Melancholy

要承認自己感到孤獨仍舊困難，而這種困難對人沒有任何幫助。除非最近喪偶或剛搬到新城市，否則根本沒有得體的理由可以解釋自己為什麼朋友不多。於是旁人可能很快就有了這樣的想法，認定某人之所以感到孤獨，一定是因為他們的個性有所缺陷、令人困擾；有人之所以孤獨，一定是因為他們本性中有某些因素導致被孤立。

然而事實上，一個人之所以感到孤單，通常不是因為他們無法和任何人相處，而是因為能瞭解他們真誠、充滿怪癖一面的人不多。共享一餐的溫暖身軀並不難找，閒聊天氣的對象到處都是，不過光是聊天無法消弭孤獨，唯有找到能聆聽我們抒發痛苦與哀傷的同伴，孤獨才會停止。

如果有人能聽我們訴說性有多麼令人困惑、死亡多麼令人恐懼、自己感到多麼嫉妒、有多少看似微不足道的小事令人焦慮、有時候有多痛恨自己、有多愛哭、有多少懊悔、多麼侷促、和父母的關係有多複雜、有多少未開發的潛力、對於自己不同的身體部位有多不自在、自己在情緒方面有多不成熟，我們才能不再感到孤獨。坦承這些可能令人尷尬、鮮少談論的人性面，我們才能真正與他人交流，終結孤獨。

常有人說，人類建立起孤獨的現代世界。此話不假，但原因不是工作行程忙碌，也不是因為城市龐大而陌生；對於自己的本質自欺欺人，才是我們孤單的真正原因。我們展現出極度簡化的形象，隱藏如此之多的真正本質——如此之多的痛苦、困惑、狂野與極端。我們之所以孤獨，是因為我們無法輕易向他人坦承自己的真正樣貌。我們編造故事來說明近況，幾乎沒有透露任何實情，並不是因為我們說謊成性，而是因為我們對所知的自己和應有模樣之間的差距感到羞愧。社會鼓勵我們表現出開心的單一表象，抹去一切難堪但重要的面向。

終結孤獨的第一步就是敞開心中隱密的門扉，走進這些充滿傷心、憤怒、嫉妒、自我厭惡的房間，點亮房內的燈，以開放、接納的態度檢視其中內容，不必感到羞愧或內疚。之後，我們可以嘗試與別人討論自己的發現。

我們之所以孤單，是因為我們集體不太相信自己的奇特和瘋狂也很迷人。我們應該允許自己，向擁有想像力而願意傾聽的人坦露更多真實的自己，也讓對方展現他們狂野的一面。坦承的開始，便是孤獨的終點。

04

成就與憂鬱

Achievement & Melancholy

我們大半人生都在努力工作。我們在圖書館攻讀學位到深夜、學習一門行業、經營生意、寫書。我們少有自己的時間，也不問自己是否感到滿足，顯然這個問題戳到我們的痛處。睡前我們數著離完成工作還有幾週。

然後，這天終於來臨，我們略感意外地抵達終點。我們達成多年來追尋的目標：書稿完成、生意成交、學位證書已掛在牆上。身邊的人為我們歡呼、舉辦派對，我們甚至可以休上幾天假。

對憂鬱者來說，不安可能在此時開始蔓延。海灘很美，天空萬里無雲，空氣中飄來果園的檸檬香。我們沒有討厭的事要做，可以盡情閱讀、懶洋洋躺著、玩樂或消磨時間。那為什麼我們還會感覺那麼空虛、茫然若失，甚至溼了眼眶？

因為我們的大腦會騙人。為了累積氣勢，敦促我們完成工作，大腦會假裝工作一旦完成，我們就終於能夠感到滿足，接受現實的模樣，大腦會停下無盡的問題，不再傾吐那無端的不安。它會站在我們這一邊。

不過大腦不擅長信守承諾。事實證明大腦強烈反對平靜、放鬆的狀態，這威脅到它的生存。大腦最多只能應付一兩天的休息，之後又會開始無盡的擔憂和質疑。大腦會再次要求我們為自己負責、追問我們生命的目的、質疑我們是否有價值或足夠體面、質問我們有何存在的權利。

埋頭苦幹時，我們能長時間抵擋憂鬱的召喚，但當辛苦的工作結束後，再也沒有其他事情能阻止憂鬱引領我們走到深淵邊緣。我們開始發覺，其實任何成就永遠都不夠，我們的任何成果都無法長久延續，更不能帶來什麼改變；萬事萬物鮮少符合預期；我們都背負著生存的根本罪惡；身邊其他人都比自己更高尚、能幹，我們望塵莫及；藍天充滿壓迫感、令人驚懼；而「無所事事」是最難的一件事。

也許內心深處，憂鬱的心靈知道，地球的最終宿命是在五十億年後被太陽吞噬，因此從宇宙時空的角度來看，萬事萬物都只是枉然。我們知道自己只是微不足道、無關緊要的幽魂。與其說是忙碌，不如說這些期限、逼人的行程、出差和深夜會議通話，其實保護了我們免於感到絕望。嚴重膨脹的自我重要感讓我們免於意識到宇宙的徒然。然而現在，成就已經達成，面對生存的恐懼，我們再也沒有任何防禦。就只剩我們和頭頂上數十億顆垂死恆星的光芒。再也沒有早上八點半的會議、沒有修改建議或章節截稿期限能轉移注意力，於是我們不禁開始思索自己無關緊要的存在。

我們應該更寬容對待自己。與其強迫自己完成極其艱鉅的任務——無所事事（對於成天緊張兮兮、腎上腺素充沛的人類來說，這簡直是高難度特技），我們應該以同情心對待自己，不斷給自己一個接一個稍微不相關但偽裝良好的挑戰，然後盡力假裝這些事情重要無比，而且任務之間不應有太長的空閒。

工作存在的目的，是保護我們免受絕望與煩憂的殘忍摧殘。我們應確保自己永遠有事可做，絕不輕舉妄動休長假或做出魯莽的決定——退休（但願這永遠不會發生）。

05

多餘與憂鬱

Superfluity & Melancholy

這個世界根本不缺人類。為什麼這世界還需要更多人，而那個人為什麼是我（充滿缺點，衝動且平庸），這個難題令憂鬱者百思不得其解。對這些哀怨的靈魂來說，這些根本問題經常縈繞心頭：我們會什麼出生在這個世界上？我們有什麼貢獻？我們值得嗎？我們要是從未出生，世界會不會更好？

這些嚴厲的質問迴盪在憂鬱的心靈中，使他們臉上總掛著典型的深沉、哀傷與自我懷疑的表情。

也許真正的謎題並不是為什麼有些人會質疑自己的存在，而是為什麼其他人不會煩惱這些問題？這些樂天的人何以有自信自己有生存在這個世界上的權利？他們怎能堅定地立足在這片土地上；望向鏡子時，臉上怎能總是滿滿的自我接納與自信？他們怎麼能盡情享用地球的美好卻從不質問自己何德何能，從不疑心是否某處出了錯？

憂鬱心靈的深處很可能藏著童年令人鼻酸的心理學背景故事：他們在生命初期缺乏關愛。如果把孩子帶到世界上的人堅定、果斷地對他們表示：我們想要你，那這些孩子就不會懷疑自己存在的權利。家長的熱愛能永久證明他們存在的價值。家長的歌謠與摟抱、笑聲與照顧是使他們強壯的源源不絕力量。他們可能遭受各種苦難，也無法逃脫困擾所有人類的千百種痛苦與懊悔，但他們永遠不會知道不被家長期待的孩子心中根深蒂固的自我懷疑。他們有能力親切地與自己對話，在挫折中溫柔地照顧自己的需求。他們能和善地檢視自己的錯誤並原諒自己，就像孩提時曾經獲得原諒一樣。他們會照顧自己的身體，早早上床安睡。他們可能遭受其他苦難，但他們不會厭惡自己。

憂鬱者則大不相同。童年時，很可能沒有人特別期待他們的到來，沒有代表滿心歡迎的紅毯，也沒有人對他們甜美可愛的腳趾頭和眼睫毛表達無盡的憐愛。沒有人願意為了他們擱下自己的人生，當他們在花園裡玩土時，也沒有人以溫柔的眼神凝望他們。除了把小孩丟到垃圾桶，還有其他種疏忽方式，這些家長還是會定期為孩子洗澡，讓孩子暖衣飽食，孩子們可能透過更細微的地方發現沒有人重視自己。家長可能非常忙碌，保母可能隨時都在講電話；也許孩子出生時，家長在職場上剛好出了嚴重狀況，或是手足生病，因此遭到忽略；又或者孩子比較難帶，反應比較慢或生性害羞，而家長尷尬地別過頭去。

以上遭遇就足以建立起某種世界觀，這樣的成長背景本身就能培養出一位哲學家，終其一生不斷提出令人煩憂的結構性問題，其中最急迫的就是：我到底為什麼會出生在這個世界上？

長達七十五年的陰鬱與自我懷疑，其根源可能深植於四歲以前缺乏摟抱和床邊故事，這聽起來有點汙辱人。然而，我們最好相信這些所謂的「小事」其實具有決定人生的力量，就像我們應該謙虛地承認，顯微鏡下微小的細胞分裂能決定我們的生理命運。

家長熱情的關愛建立在動人的假象之上：考量到世間所有事物，個人當然無關緊要，也沒有哪個小孩特別可愛或格外有價值；孩子踏出了第一步或因為數學表現優秀而得到獎勵貼紙，這些行為也毫無令人驚豔之處。但家長仍有必要在孩子周圍編織充滿關愛的氛圍，保護他們終生免受自我懷疑與自我厭惡的戳刺。

憂鬱者具有心明眼亮的洞察力（和黑暗的幽默感），是因為他們身邊從來沒有虛假的薄紗。他們從小就必須把事情看得明明白白。他們不信任老師或朋友，也對不經意的關愛表現抱持懷疑。他們知道怎麼挖苦，也能明辨虛偽，這是沒把自己看得太過重要的附帶好處。現實世界更殘忍，但也有趣得多。當人生一遭感覺一點都不值得時，心情難免低落，生命最初那種多餘的感覺會永遠持續。最大的安慰就是知道自己並不孤單，幸好還有一個和我們有幾分相似的沉默社群，等待藝術和友誼的機緣讓我們相聚。

06

照片與憂鬱

Photos & Melancholy

對多愁善感的人來說，翻閱自己的老相簿是格外令人心酸的消遣活動。翻了幾頁，看到自己的大張彩色肖像照，照片中是個咧著嘴笑的五歲小孩，可以看出缺了幾顆牙，影中人剛畫完一艘潛水艇和幾隻看起來相當開心的魚，他對自己的作品極為驕傲。我們穿著自己最愛的吊帶褲，頭髮異乎尋常地長。如果我們不害臊能說得出口，照片中的自己著實非常可愛。

我們可能對自己小時候的照片相當感動，不過大概同時也非常感嘆，這個小朋友對於人生的苦難還毫無頭緒呢！他還不知道往後要面對多少痛苦。那個週日午後在老家花園中玩耍的孩子，距離享用動物造型義大利麵和草莓優格下午茶還有幾個鐘頭，當時他對命運還一無所知。他們壓根兒沒想到離婚、搬到較小的房子、遭受霸凌、忍受孤寂、得不到回報的愛、性帶來的罪惡感、職涯困厄、健康問題、婚姻的現實、經濟方面的不安全感、浪漫關係的背叛、暴躁易怒、年齡的醜陋、持續焦慮與恐懼、育兒的艱辛……這還只是幾個例子，其中項目還不算是特別可怕的（還有更更糟的事情）。

看著另一張自己在森林旁側手翻的照片，我們可能會意識到，促使我們繼續前進的動力其實是純粹的無知。我們之所以能活下去，靠的就是這種殘忍的生物機制：無知。想像一下，如果自己可以再次回到五歲，但仍神奇地保有現在的知識，我們大概會堅定地說「不」。我們並沒有積極尋死，也沒有打算提早結束一切，但我們真的無法忍受重新走一回。有太多年歲都是在各式各樣的痛苦中度過。當然也有幾個有趣、有成就感的片刻，不過基本上，評分表上喜憂參半，讓你不願意再重來一遍。這是一份憂鬱的體認。要是完全知曉未來的模樣，我們大概無法忍受這樣的生活。有太多日子是在焦慮與煩憂、自我懷疑與驚慌、孤獨與渴望中度過。我們對人生的痛恨程度大概超過自己的認知。我們想要回到過去，摟摟那個小孩，因為他即將面對種種艱辛。這個世界即將使他們承受萬般痛苦，而他們天真的喜悅令我們泫然欲泣。

更糟的是，回顧的眼光也使我們不禁想到未來。現在我們還懷有某些希望，我們可能想要努力經營一段新關係或在專業項目上投注大量心力。如果參考過去經驗，大概十年後（如果那時還幸運活在世上的話），我們就會以看著自己五歲照片的同樣心情，看著自己今天的相片。我們會看見一個對於未來同樣天真的人，對於困境一無所知，對未來有過多期待而沒有考量到自己的本質與生活條件。我們過去太過單純，不僅如此，我們現在仍一樣天真。

就算不是純然可怕，多數照片也只是喜憂參半，帶著一絲難堪或羞愧。拍張和祖母的合照，那時我們大概九歲。我們很愛和祖母膩在一起，在花園裡幫忙打雜，在客廳把玩具灑滿一地。我們也知道，進入青春期後，我們就很少再去拜訪她。她似乎有些尷尬，我們猜想她不懂我們的感覺，但我們也未曾向她解釋。祖母過世的時候，我們已經超過一年沒拜訪她了。我們到現在仍然覺得過意不去，而且隨著時間過去，愧疚感持續加深。

還有一張我們和第一任伴侶的合照。當時我們已經寂寞許久，終於有人接納我們。對方對我們很好，也跟我們一樣年輕而脆弱。照片中對方在海灘上的身影非常可愛，微風吹拂著頭髮，手臂環繞著我們。我們租了一間小木屋，沿著溼地散步，離開前一天還租了腳踏車。不過這段回憶也難逃苦澀。大約半年之後，出於某種我們也不太瞭解的原因，我們向對方提分手，而且手段難看。我們太難為情，以至於沒辦法好聚好散。我們因為害怕而深深傷了對方。透過網路發現，對方現在婚姻美滿，他們一定很恨我們。有時夜深的時候，我們希望可以打電話告訴他們，我們還愛著對方（雖然這聽起來有點瘋狂）。

還有一張和大學朋友的合照，照片中的我們看起來很開心。照片中有一個人，我們已想不起他的名字，他總愛裝出好笑的腔調，有次還差點撞毀他母親的車。還有那個陰鬱聰明的物理系學生，我們很愛和他聊天。我們是如此揮霍那段寶貴的時光啊！我們應該對自己的真實感受更加坦承，我們應該有勇氣成為彼此更真誠的朋友。

我們開始意識到有多少人生都沒有好好把握，未能達到自己的理想。我們不一定會哭出來，但當闔上相簿，有一種感受是確定的：一股獨特的悲傷，我們稱之為「憂鬱」。

07

子宮與憂鬱

The Womb & Melancholy

讓我們回到幼兒時期。可以這麼說，世上最著名的嬰兒是憂鬱的。雖然耶穌有著非常離奇、格外悲慘的命運，但他的一生同樣有著普世的課題，因此當我們看見聖嬰像時，心中也可能被觸動。就和我們一樣，聖嬰也感到傷心，因為他被迫離開子宮。

這聽起來很奇怪，而且這是注定的。畢竟我們都不記得在子宮裡的日子，我們對自己的第一個家沒有任何鮮明的懷舊思念感。精神分析師梅蘭妮・克萊恩（Melanie Klein）推測這不是沒有原因的，因為如果我們記得待在子宮裡的日子，那麼我們被迫離開這地方的悲傷與對當下環境的不滿可能變得過於強烈而令人難以承受。我們必須忘記自己過去的家，這是鼓起勇氣繼續前行的代價。

然而，我們仍然苦思子宮，苦思沒有這麼多缺憾的時光，那時我們不必害怕，對未來無憂無慮，與他人緊緊相繫，我們每一個需求都透過一條柔韌纜線中血液的輸送，神奇地獲得滿足，我們的身體前側仍留有管線的印記，提醒我們當初切斷供給的那一天。即便毫無記憶，我們仍可能產生懷舊之情，思念

上：喬凡尼・貝里尼畫室（Workshop of Giovanni Bellini），《聖母與聖嬰》（*Madonna and Child*），約1510年

左：山德羅・波提且利（Sandro Botticelli），《聖母與聖嬰》（*Madonna and Child*），約1470年

我們已然忘記的子宮。成人生活中可能有極感親密與慰藉的片刻，我們偶爾可能被溫柔的臂彎環繞，有時也會有人為我們烹調美味佳餚。不過就算是最盡心盡力的愛人所給予的安全感、最貼心的餐廳或飯店對我們需求的關注，再怎麼樣也比不上我們在第一個家所享受到的待遇。

我們可能不自覺中在心底默默拿成年經驗與生命最初的完美狀態相比，難怪我們常稍感不滿、鬱鬱寡歡。人類被逐出樂園的聖經故事，其實就象徵了我們自己的出生。曾經，我們不必開口就能滿足一切需求，自動得到滋養，受到無比溫柔的呵護。

難怪許多嬰兒看起來有些感傷，因為他們損失慘重。信教者有福了，因為宗教提供他們來生「返家」的機會。不過對世俗的憂鬱者來說，他們無所歸依，孤獨的朝聖之旅遙遙無盡。至少，只要我們知道自己心心念念的歸去之所是何處，我們就能瞭解這份想望的深沉，也明白這個願望無法實現。儘管成年生活有各種優點，我們該承認自己有多思念子宮。

08

天文學與憂鬱

Astronomy & Melancholy

不信「地位」這一套是憂鬱者的標誌之一。我們憂鬱者很清楚自己應該在意什麼事情：職業生涯、金錢、社群的看法、最新新聞報導、他人眼中的自己、未來十年的經濟走向……我們知道這些事物所標榜的重要性，但我們心裡可能一點都不在乎。

我們不是冷漠或無知無覺，我們只是不太以人類中心的角度來審視自己所屬的物種和星球。我們並不著眼於自己眼前的事物，而是自然而然從六十億公里外的地方遙望自己。我們想的不是明天可能發生的事，因為我們知道與地球的歷史相比，當下這一刻有多微不足道。

最容易產生這種置身事外之感的地方不是心理治療師的沙發上（雖然社會大眾有時這麼認為），而是在天文館或天文學系，觀看月球表面圖表及航海家（Voyager）太空探測器傳回的影像時；研究距離太陽二十三・六京（2.36×10^{15}）公里的大犬座矮星系，或是觀看火星伊奧利亞沼（Aeolis Palus）午後的照片時，我們很可能會重拾憂鬱的直覺。天文學是憂鬱者的真摯好友，美國太空總署和歐洲太空總署是他們的主宰之神。

沉浸在太空之中，我們疏離的觀點能獲得肯定，以莊重之姿回到我們身邊。我們可以抽離人間的劇碼，專注於飛逝的隕石或木星的衛星上；我們的孤寂可以在冥王星南半球史波尼克高原（Sputnik Planitia）廣袤而沉默的沙丘中找到真正的歸屬；遭小行星撞擊而留下坑坑洞洞的月球表面可以吸收我們部分的失落感。在可觀測宇宙的十垓（10^{21}）顆恆星中，我們能夠領會自己的渺小。

你可能以為天文館的目的是帶領我們認識星體，使我們具備成為太空人或物理學家所需的知識。事實上，天文館教導我們如何縮小自己眼中的自我；在天文館中，認為自己無關緊要的惱人感受、對於自己高不成低不就所感到的挫折以及孤寂感，都會煙消雲散。

我們有充分的理由盡力活在當下，但也許遙想地球原生代更具吸引力，那時距今二十五億至五・四二億年，平靜廣袤的大海深處開始出現單細胞真核生物。如果和煩人的人類同胞處不來，我們也不必過分苛責自己，因為我

新視野號（New Horizons）所拍攝的冥王星影像，2015 年

們可以與地球歷史中曾經出現的眾多神奇生物建立假想的友誼，例如生存於一億多年前，長相有趣的鸚鵡龍（*Psittacosaurus*，意為鸚鵡蜥蜴），或是在一點五億年前漫遊於大地之上、體型似狗，尾巴上帶有鬃毛，以雙腳站立的朝陽龍（*Chaoyangsaurus*）。

順心的事少之又少，我們為此傷神，不過最大慰藉就是，恆星平均壽命只有一百億年，而我們的太陽已經燃燒了五十億年。過不了多久，這顆中年恆星的亮度會持續增加，使大海蒸發，接著太陽的氫會燃燒殆盡，變成一顆紅巨星，體積大幅增長至現在火星的位置，吞噬整個地球以及其上所有煩人事物的原子。

所有生物都身陷這片苦難中，我們可在此淌淚。每當感覺毫無目標時，我們就該想起曾降臨在地球上的五次大滅絕以及栩栩如生的相關細節；面對每次挫折，我們只要知道整個宇宙有四百億個行星系；在每次令人焦慮的約會或演講之前，我們應該對自己喃喃自語，彷彿念誦護身禱詞：銀河直徑十萬光年，而最遙遠的星系 GN-z11 距離你要去的那家餐廳或會議中心有三百二十億光年之遠。

憂鬱者常覺得萬事萬物都沒有意義，而透過天文學，我們以最引人入勝又肯定生命的方式發現，這樣的看法言之成理，再正確不過。

09

風景與憂鬱

Landscape & Melancholy

身為現代世界的居民，我們多數時間都生活於醜陋之中：頭上是充滿汙染的灰濛天空，周遭是烏煙瘴氣的高速公路、倉庫、貨艙和畫滿塗鴉且拉上百葉窗的商店。這些環境不斷向我們低語，奚落我們，我們也許應該盡速返家，躲到床單之下。

不過在某些罕見的情況下，我們也可能來到極度美麗的地方。我們可能昨夜深夜抵達這座老舊農舍，而到今日清晨才終於有機會一睹身旁的環境。我們拉起厚重、生鏽的百葉窗，飽覽眼前景色：平緩起伏的山丘上點綴著深綠色的柏樹，薰衣草與罌粟花田連綿不斷，地平線上有一座以石灰岩為建築基調的小村莊，果園中央有一間小教堂，房舍前方有一條小溪流，溪邊是垂柳和一叢叢藍鈴花，這一切美景都在無瑕的藍天之下，彷彿人類從未被逐出樂園，人生沒有死亡或痛苦。世界的這一角對於人類悲劇一無所知。

我們盡情享受美景，讓陽光溫暖我們的臉頰。這彷彿是我們童年以來所見過或造訪過最精緻的美景。回想到不過是昨天，我們還在市區公寓中，望著對面布滿雨痕的水泥牆，窗戶隨著街燈下怠速貨車的聲響振動。

我們應該感到快樂，某方面來說也確實如此，我們很快樂。一位農夫領著幾隻山羊穿過谷地；幾個孩童騎著腳踏車前往村莊。不過這片美景卻也緩緩使我們陷入憂鬱。我們感到傷心並不是因為眼前景色不夠秀麗，其實景色之美正是我們感傷的原因：我們無法忍受離開如此美景這麼久，無法忍受人生大半都要在流放中度過。

這片美景突顯了此前的醜陋。我們注意到自己的日常環境與作息中充滿多少失望、暴戾、惡劣和羞辱，這是昨天的我們意識不到的。我們早餐後拜訪了那座於一四三〇年左右由工匠建築的石灰岩小教堂，在教堂中，我們終於感受到有多少痛苦潛伏在心中。一直以來，我們並不是無痛無覺，只是麻木了，因為無處可以宣洩而壓抑著哀傷，因為我們也別無他法，也沒有意識到自己做了多少妥協。

美麗的風景就像一位非常體貼的朋友，在我們經歷一陣混亂之後輕輕握住我們的手，詢問我們的近況，而且神情溫柔、體貼入微，我們突然淚流不止，連自己也嚇了一跳。有時要感受到溫柔，才會發現自己過去壓抑了多少苦痛；要看到美景才會明白，原先的周遭環境有多麼醜陋。

當然，我們想要移居此地，設法搬來這裡。我們計畫辭職、賣掉公寓，就在這座小農舍中度過餘生，不過就和我們之前的許多計畫一樣，一切都是徒然。如果搬來這裡，每天早晨我們就能在美景中醒來，出門買份報紙和酥皮點心。但我們知道，這永遠都不會發生，因此更感悲傷。我們已經知道更好的人生是什麼模樣，與此同時卻無能改變現況。

觸動我們的不只有實際的景色，還有這片美景所代表的一切：自信、清明、抱負、美德。我們為什麼與自己珍視的價值漸行漸遠？我們怎麼會允許自己忽略真正重要的事物？我們哭泣的原因是，這裡正是我們的歸屬，但我們無法久待，後天就要搭上離開的班機。

我們根本不知如何該公正地對待這片美景。我們深明放棄、失望與投降的藝術，是專精於失敗的大師，因而這片美好的獻禮令我們羞愧。我們拍了一連串照片，但照片無法真正滿足我們。我們想要融入這裡，而不只是拍拍山谷的照片。

因此，即便在地球上最美好的地方，我們仍不禁感傷。有人經過，看到我們的眼眶盈滿淚水，他們貼心地詢問是否要吃些東西或幫我們招呼計程車去觀光，但我們的哭泣的原因太難解釋。面對自己所錯過的美好，我們流的是喜悅的淚水；快樂就在眼前，我們的情感卻過於怯懦與笨拙，不知該如何擁有。我們哭泣，因為我們不想只是過客，我們想重生於此。

10

內向與憂鬱

Introversion & Melancholy

憂鬱的人本質上也幾乎都是內向的人。現代世界標榜對待內向與外向者一視同仁，不過實際上，種種行動、獎賞和迷人特質都緊緊依附著外向陣營的天賦與感情。想要看起來正常或功成名就，個人就得使出渾身解數，對外向者來說，這是他們與生俱來的能力：使陌生人刮目相看、出席會議、發表演說、勝過對手、管理人們、以滿腔熱情參與活動、反映民意、社交、交遊廣闊、廣泛約會。

我們可能要經過很長一段時間才會發現，儘管十分希望事實並不是如此，但無可否認的是，上述形象完全不是我們的本性。對我們來說，出席派對前不免擔心東、擔心西；發表演說前簡直緊張得要死；任何社交場合都是沉重的心理負擔；面對新聞和社群媒體常感心煩意亂；如果每天沒有幾個小時獨處、消化思緒，就渾身不自在；陌生的地方（尤其是臥房）令我們極度憂慮；不擅長在職場中對任何人負責；對於開懷玩樂極度謹慎，也對任何類型的集體狂熱退避三舍。我們並不討厭擁抱，但當有人衝上前擁抱我們，我們的身體會不自覺變得僵硬。

另一方面，我們喜愛待在家裡；我們很樂意一整個週末（甚至是好幾年）獨處，只要有幾本書和筆電的陪伴就行；整個世界上我們真正喜歡的人大概只有三個；我們喜歡探索自己心靈中的房間；知道如何坦白自己的弱點與焦慮的朋友令我們安心；我們希望再也不必出席派對；我們不會抱怨一切太過安靜；我們喜愛平和的風景與平淡無奇的日子。我們也很喜歡花。

不過這些特質卻使我們必須承擔現代世界的種種質疑：我們為何那麼羞怯？我們為何不能與其他人和樂共處？我們為什麼不願出門慶祝？我們的結論是自己很奇怪，可能病了，要到很久以後才會接受自己可能只是比較不一樣。

身為憂鬱的內向者，我們常緊抓著他人容易忽略的「小事」不放。派對或公司會議都可能令我們無比疲憊，因為我們要做的事不只有閒聊或發表意見，我們還會思索其他人對我們剛發表的言論有什麼看法；懷疑自己未能理解某個重要面向；角落某人古怪的敵意會令我們大吃一驚；擔心自己的臉做出某個不得體的愚蠢表情。被點名時，我們是人間喜劇的敏銳觀察者，但分分秒秒過去，過於在意別人的看法也令我們筋疲力盡。

我們渴望人際聯繫，不過交往關係充滿地雷，尤其是剛開始的時候。對方對我們真正的想法是什麼？我們可以表達對他們的渴望嗎？他們會對我們感到反感嗎？難怪我們比較喜歡待在家裡讀書。

這聽起來不容易，不過內向的人生也可以非常豐富、充滿感激。我們很容易感到滿足，不需要喧囂與關注，不在乎哪裡舉辦大型派對。我們只想穿著自己平淡無趣的衣服四處閒逛，與少數我們能自在相處的人聊天，經常散散步或泡澡。只要細心觀察，不起眼的事物也可以很有趣。我們已經累積多少見識；踏上多少次旅途；讀過多少書；經歷過什麼樣的騷亂。我們真的不需要更多了。內向者已經做好充分準備，願意接納任何事件或人物的本質——任何令人生畏、強大、能引發共鳴、美麗或嚇人的成分。

小孩是天生的內向者。當陌生人進到房內時，他們會直覺地躲進照顧者的懷中。誰能怪他們呢？因為與孩子相比，陌生人那麼高大、聲音那麼奇怪、那麼自然而然地加入對話，而不是在旁謹慎地觀察一會兒（這才是自然的反應吧）。這些孩子也不需要太多外界刺激：紙箱蓋子怎麼都玩不膩；看著窗戶上的雨滴追逐彼此也饒富趣味；他們可以躺在臥房地板上，畫著一棵又一棵的樹，都沒發現已到了洗澡時間。此外，他們也很容易疲累，在熱鬧的生日派對上玩一個小時後就一定得回家小睡。

認識自己憂鬱而內向的一面不只是具詩意的自知，也對我們的心理健康有益，如果未能針對自己內向的個性做好妥善調適，我們很快就會不堪負荷並導致隨後的焦慮與猜疑。所謂的情緒崩潰通常單純是內向者迫切需要平靜、休息、自我同情與協調的表現。因此，經驗豐富的內向者知道自己必須抵抗外向世界的計謀。內向者的理智全賴他們有無能力堅守自己所需的保守日常作息。現在，我們至少能用「內向」來對他人解釋這種性格結構。下一步就是學習如何順從自己的個性，讓內向者過著他們性情所需的平靜生活。

11

性與憂鬱

Sex & Melancholy

性行為是一個人最坦承的時候。我們人生多數時候都必須掩飾、假裝、隱藏、妥協，我們無法透露多數的真實渴望或希望，必須在恐懼中過日子，擔心自己在某處嚴重冒犯他人或被別人覺得古怪、討厭。

不過與自己真心喜歡的人同床共枕，而且對方也以同等的真誠喜歡我們，這時我們終於能卸下防禦，此時不再需要假裝，這是最私人、親密的時刻。我們終於可以從事長久以來心裡小角落渴望的事：擺出百依百順的姿態或嘗試無情、強硬的作風；穿上異性的裝束；或是低喃一連串下流或禁忌的話語並請伴侶低聲重複。個人選擇坦承的事項不一定一樣；理想情況是，每個人都能從事自己特別重視但至今被公序良俗禁止的行為。

憂鬱的人從非常特別的角度來把握性所提供的坦承機會。他們可能對繩索或皮衣、釘狀首飾或毛皮衣領不太有興趣。令他們感到興奮的情緒相當獨特：哭泣。

關於憂鬱者，最根本的事實就是，人生充滿無盡的痛苦，而他們必須盡數隱藏。一般情況下，他們無法說明兒時感受的苦楚、青春期的失望、職涯帶來的恐懼與疲憊、人際關係的挫折與煩躁、與家人相處的困難、夜晚所感受到的生存恐懼、每一分每一刻的侷促不安……他們只能在背景某處，背負沉重無比的憂慮與悲傷。多數時候，他們無法表露。他們擅於微笑，他們是駕輕就熟的討好者。然而悲傷不會遠去，只是潛伏在情緒表皮之下，尋找短暫浮現的機會，像是讀到某首詩或看到某張照片的時候。

不過現在，與敏感的靈魂共處一室，對方的美不在於他們的外表，而在於他們解讀、消化痛苦的方式，此時最急迫的事情（在其他肢體動作的同時）並不是抽鞭或命令、拉扯頭髮或喊叫，而是放聲大哭。哭泣是因為感嘆這幾十年來有多難熬，過去必須裝出多勇敢的樣子，獨自吞下多少艱苦掙扎。做愛的同時在哭泣，是因為直到現在從來沒有人瞭解自己，也因為過去承受過無盡的羞辱、無視與恐懼，而且這一切可以暫時告一段落。

理想上，伴侶做的事也大同小異。他們同樣也將悲傷帶進臥房，情侶雙方正在交換最慷慨的禮物：對於活著的一切糟糕事做出最誠實的反應。不再擔心自己的脆弱。比起情緒的自然流露，身體的赤裸根本不算什麼。他們從來沒有那麼誠實過，這是他們這一生最情慾最高漲的一刻。

性愛是其中的關鍵。哭泣不只代表著溫柔，而且是興奮的積極表現；人們眼光中帶有情色的事物通常包含一種大家重視但在日常生活中長久被隔絕的情緒。眼淚使我們興奮，因為眼淚是久違的誠實象徵

有些非常優雅，也無疑非常迷人的樂觀人士，他們會是不同凡響的有趣情人。但憂鬱的伴侶有一點永遠勝過他們：他們知道如何結合高潮與淚水。

由於憂鬱者此前鮮少談論過自己的性傾向，因此這種對於哀傷性愛的偏好罕為人知。但隨著眾人越加瞭解憂鬱，有更多人可能開始發現自己心中埋藏已久，與愛人共享極樂的渴望，因為在親密的昏暗之中，我們彼此終於可以徹底臣服於狂喜的感傷中。

12

性交後與憂鬱

Post-Coitus & Melancholy

我們的社會有時透露出「性行為很容易」的態度，如果真是如此，那我們在性行為之後也不會察覺到明顯的不同。但對我們許多人來說，在高潮之後立即感受到的並不是親密感或愉悅，而是一種非常獨特的悲傷，而且因為這個話題難以啟齒，容易令人以為我們不知感恩或惡劣，因此更感孤獨。在享受到人生最愉悅的感覺之後，我們可能一頭栽進強烈的性交後憂鬱之中。

躺在半昏暗之中，身旁的伴侶和緩地呼吸，我們卻可能無法入眠。我們的心靈仔細搜查內心景致，拒絕讓意識離去。我們可能充滿警覺，同時心中慌亂、沉重且傷心。這麼愉快的事情怎能突然化作如此憂鬱？

性交後憂鬱的根源多半是羞愧感，我們納悶自己怎麼會這樣滾到床上去。性能激起與我們日常行為與信念大相逕庭的熱情。打著性的名義，一個平常嚴肅、溫柔的人可能央求被綑綁、鞭打；忠誠、謹慎的人也可能違背每一條婚姻誓言；在吵雜的夜店之中，聰明而周到的人也可能和與自己毫不契合的泛泛之交聊上數小時。

立即的高潮結束後，個人就會明白意識到自己的不端。在過去，這會是上教堂或寺廟懺悔的好時機，我們可能舀起大把聖水或對著一臉嚴肅的牧師念出贖罪的儀式性語句。我們可能對這類迷信嗤之以鼻，不過這些神聖儀式的存在有其道理：這些儀式承認情色的深沉吸引力與我們高尚心靈主張之間的矛盾。善良的人強烈渴望尊嚴、忠誠與智慧，但同時卻深受墮落與邪惡的吸引，這些儀式表現對其內心拉鋸的同情。

我們第一次憂鬱性罪惡感的經驗大概出現於青春期。孩提時期，我們可能單純可愛；願意和母親分享所有事情；我們最愛的活動可能是騎馬或玩火車玩具。接著突然之間，我們頻繁把自己鎖在浴室裡並對特定場景深感著迷，完事之後，一股黑暗馬上襲來，而且從許多方面來說都不曾離去。

與深愛我們但自己沒有同等感受的人上床之後，憂鬱與羞愧感尤其明顯。我們怎能為了幾秒鐘的歡愉做出如此不道德的行為？我們希望能向溫柔的伴侶傾訴（雖然我們渴望的只有對方的身體），坦承自己的表裡不一並期望對方能赦免我們的踰矩之罪。我們可能會說：儘管發生關係，但希望你們能瞭解，我們對你們沒有任何應有的感情……

在性交後的疲憊中，我們可能意識到自己在性愛奇遇中蹉跎了多少時間。在用於謀略與規劃的幾個小時中，我們也許可以完成劇本、商業計畫書或大學報告；也許可以把這些時間用來陪伴乞求我們在洗澡時間前回家的孩子。

我們最渴望的無非些許慰藉，我們想要相信，儘管發生這一切，我們仍然單純可愛，只是得應付複雜的人性衝動。我們對某種性愛感到憂鬱，因為我們希望自己的人生能更單純一些；我們希望內心不必為性拉鋸；我們希望自己可以永遠渴望、愛著同一個人。

13

歷史與憂鬱

History & Melancholy

雖然歷史充滿悲慘事件（戰爭、大屠殺等），許多人仍相信進步論。他們相信整體來看，情勢會越來越好，人類擁有光明的未來。

然而憂鬱者沒辦法抱持同樣的樂觀態度。當他們回顧過往，他們所看見的驚恐與痛苦難以忘懷。他們格外明瞭許多曾經存在的文明遭到殘忍扼殺，這些文明原本能為人類帶來豐富貢獻。

歷史中某些片刻似乎印證了個人生活中的類似理論，憂鬱者不自禁受這些片段吸引：最優秀者不一定勝出，獎賞經常落入不配的人手中，而高貴的心靈可能無法聚集足以擊敗凶猛對手的力量。在古老文明的遺跡裡，憂鬱者觀察到一則道德教訓，也就是美德與榮譽在困厄世界中的命運。

舉例來說，憂鬱者可能會遙想五世紀初的不列顛，當時的維魯拉米恩（Verulamium，今聖奧爾本斯 St Albans）、林頓（Lindum，今林肯 Lincoln）、伊波拉肯（Eboracum，今約克 York）都有格局對稱的城鎮；蘇利斯泉（Aquae Sulis，今巴斯 Bath）有石灰岩及大理石澡堂。當地店鋪販售盛裝西班牙南部橄欖油或高盧葡萄酒的雙耳陶罐；也可以買到來自希臘的鹽漬魚乾或西西里的醃橄欖，一切井井有條且維持一定程度的公平正義。接著短短幾年後，羅馬對英國四百年的統治畫下令人遺憾的終點。日耳曼部落所向披靡，越過了萊因河，而羅馬的政治情況詭譎凶險，駐守的軍團突然被召回中央。不列顛上的莊園別墅根本無暇做好充足準備，撒克遜、皮克特和蘇格蘭人軍隊燒殺劫掠，目光所及，無一倖免，一切化作灰土，然而這對入侵者沒有絲毫好處，或許只是想要降低自己面對如此高雅文明的畏怯。任何認同羅馬統治的人都性命存危。在混亂之中，逃離家園的人們把貴重物品埋在自家花園中，徒勞地期望羅馬人將收復失土，屆時他們就能回到故鄉、重建人生。

此後的十二個世紀，不列顛再無熱水澡堂；要到一千兩百三十五年後，才再次見到古典主義建築。人們不再使用金錢，回到以物易物的交易模式；道路失修；城鎮人去樓空。再也不見飾有柱廊和科林斯石柱的四層樓高石造建築，取而代之的是茅草屋頂的小木屋。

你可以想像，如果羅馬統治並未戛然而止，征服者沒有那麼狂暴，情況會有多麼不同。如果歷史走上別的方向，六世紀的人們可能在龐斯艾利烏斯（Pons Aelius，今新堡 Newcastle）閱讀奧維德（Ovid）和塞內卡（Seneca）的著作，或在八世紀麥西亞王國奧法（Offa of Mercia）的統治下，在杜羅科諾維翁（Durocornovium，今斯文敦 Swindon）洗熱水澡；不會有黑暗時代，也不用花一千年等待文藝復興的來臨。基督教也許也不必以那麼殘暴的方式強加宗教於人民。古羅馬廣場中央的安東尼諾與法斯提娜神殿（Temple of Antoninus and Faustina）不會被衝動砸毀，被強行改建成教堂並稱之為進步。

憂鬱者對失去的一切感到遺憾。他們會幻想，如果一五一九年夏末，凶暴的西班牙探險家艾爾南·柯特斯（Hernán Cortés）沒在古巴外海遭遇海難，也因此沒有機會一路殺進阿茲特克帝國首都特諾奇提特蘭（Tenochtitlan），美洲將與現在多麼不一樣。一座遍布花園與湖泊的城市，居民人數可達四十萬人，是當時世界上最大的都會，教育水準高，人民文明有禮。城市中遍布植物園、蹴球場和井井有條的住宅區，熱鬧的市集中販售黑巧克力片、甜玉米麵包、彩色鸚鵡和美洲豹皮。憂鬱者希望這個文明能在蒙特蘇馬皇帝（Emperor Moctezuma）及其子嗣的統治之下有更長時間不受侵擾，也許他們就能引進平等接觸西方所需的馬匹、鋼製長劍及生物免疫力。特諾奇提特蘭可能會成為當今世界中數一數二的都會帶，猶如中美洲的巴黎或京都，傳統文化與現代和諧共存。搭乘先進噴射客機即可抵達艾札爾夸利札利國際機場（Etzalcualiztli International Airport）*，機尾繪有該國國父維齊洛波奇特利（Huitzilopochtli）的形象，他同時也是戰神及太陽神，受現代阿茲特克人尊崇，一如美國人對林肯總統的懷舊尊崇一樣。

同樣地，憂鬱者可能也會希望統治格拉納達酋長國（Emirate of Granada）的納斯里德王朝（Nasrid dynasty）並未於一四九二年遽然畫下句點；希望穆罕

---

* 編註：此處虛構其名，Etzalcualiztli 是阿茲特克曆法中的第六個月，也是雨神的節慶。

默德十二世能與西班牙卡斯提爾女王伊莎貝拉一世達成協議，讓裝飾繁複的阿爾罕布拉宮（Alhambra Palace）持續執掌這個開明的王朝，擔任學習、數學及詩文的中心，包容各家信仰。憂鬱者可能也會希望威尼斯共和國能在一七九七年成功抵禦法國，維持活躍的、獨立城邦的地位，擔任商業與藝術中心，猶如亞得里亞海的新加坡，而不是走入歷史，化為歷史長河中古雅的一顆珍寶。我們可以想像該國的電動船和線上交易入口網站自豪地印上城邦的標誌——聖馬可飛獅。

假使歐洲征服者的西進受到條約限制，止於洛磯山脈，那麼北美大陸文化將會多麼繽紛，內部紛亂也少得多，現在的遊客將仍能欣賞到休休尼（Shoshone）、派尤特（Paiutes）、納瓦荷（Navajo）、阿帕契（Apache）等部落多元的風俗。如果現今鹽湖城附近有一座哥休提（Goshute）的平房都市；如果舊金山不存在，取而代之的是波莫族（Pomo）首都卡努拉（Kunula，以該文化的聖狼為名）；如果美國西部的速食餐廳供應的是以橡實、南瓜和仙人掌果肉為主的餐點，那麼對美國卓異主義（American Exceptionalism）來說，該是多麼有力的反證。

憂鬱者明白，獲勝者不一定是最優秀、最聰明或最值得得勝的人，獲勝者通常是最喜屠殺、扭曲規則、攻擊挑釁的一方。許多例子都顯示，生活環境如果幸運擁有可在戰場上奔馳的可馴化大型哺乳類動物，或是早兩百年發明槍砲彈藥，獲勝機率也會大大提高。在勝利者寫成的歷史中浮現一個悲傷的事實：高貴者可能被擊敗。與此同時，但願我們能瞭解光榮落敗的概念，在失敗中展現比成功更高的品德與人格，因為失敗的原因是非比尋常的誠信、想像力與包容。歷史中所謂的「輸家」有許多值得我們仿效之處，我們應學習的不是現實政治或權力遊戲，而是真正文明的人生之道。

14

道德與憂鬱

Righteousness & Melancholy

如果想知道某人是不是好人，其實只需要問一個問題，這個問題出奇地簡單：你覺得自己是好人嗎？

對此，可接受的答案只有一個。真正善良的人，瞭解仁慈、耐心、寬恕、妥協、道歉與溫柔的人，他們的答案絕對是：不是。

好人內心不可能覺得自己毫無過錯、純真無邪。有人主張，敏銳地意識到自己有能力為惡、粗心、殘忍、自以為是，明白這一點的獨特結果，就是善良。真正善良的代價，就是不斷懷疑自己可能是壞人；但對於為別人貼上壞人的標籤，卻感到無比遲疑。

惡人才不會夜不成眠、擔心自己的人格有瑕疵。地球上最凶神惡煞的危險人物，從來不覺得自己可能是壞人。

令人沮喪的弔詭是，曾犯下殘忍罪行之人，他們幾乎都問心無愧，堅信自己與天使站在同一邊。

憂鬱者明白自己的汙穢、洞悉自己的罪惡，他們無法忘記自己曾數度犯蠢，無法原諒對待別人時有多麼思慮不周。這份自知一點也不令人開心，但能幫助他們保持誠懇。

歷史上最憂鬱的人物同時也是最善良的一個人。《約翰福音》第八章中，耶穌剛從加利利抵達耶路撒冷，此時有一派嚴格遵從猶太傳統與律法的法利賽人把一位已婚女子帶到他面前，他們逮到她與丈夫以外的男子從事性行為。他們詢問耶穌：「夫子，這婦人是行淫之時被拿的。摩西在律法上吩咐我們把這樣的婦人用石頭打死，你說該把她怎麼樣呢？」

耶穌陷入兩難，他不能公開表示婚外情完全沒問題，這等同於縱容該社會所無法接受的性行為。但這位性情溫和、宣揚仁愛與寬容的布道者也不能和他經常批評的猶太當權者一樣，對於法律事務採取同等嚴苛的標準。耶穌的回應很巧妙，他沒有明確否定這群暴民有對這名女子處以石刑的權利，不過他加上一則表面看來微不足道，實際上卻具有重大意義的但書。耶穌表示他們可以盡情處死、毀滅那名女子，不過先決條件是，他們必須確定自己滿足一項重要標準：自己從未犯下任何過錯。

重要的是，耶穌不單要求他們從未從事婚外性行為，而是要求他們在人生所有面向完全不曾犯下任何過錯。只有絕對的無瑕道德才有權利以惡毒、高壓專橫、無情對待踰矩者。這裡引進一個重要的道德原則：只是在某一面向無可指責還不夠，我們必須在任何情況下、任何時間點，從未犯下任何過錯，才算是真正的清白無罪。如果我們曾在任何領域出現疏忽，即便與當下的罪行差了十萬八千里，那麼我們有責任對犯錯者寄予同情，盡可能以同理心對待他們，向他們施以仁慈與寬容。我們可能並未犯下同一種錯，但我們同樣有罪，因此必須施予寬恕。耶穌回應法利賽人的話語已成為不朽的準則：「你們中間誰是沒有罪的，誰就可以先拿石頭打他……」這幫暴民瞭解其中的訓誡後，放下手中的石頭，而那位驚恐的女子獲得饒恕。

這則故事真正指責的對象是人類長存的缺點：自以為是。耶穌的重點是，為善最可靠的方法就是不要以未曾犯下某一種過錯為傲。重要的是，我們必須瞭解自己不可避免地也曾在別的情況下做出愚蠢、殘忍的事，而面對我們有權力「處以石刑」的他人，我們應該利用這份自知懷抱同理心。牢牢記得自己的過錯，無疑令人充滿憂鬱，但也造就格外仁慈的世界。

15

一見鍾情與憂鬱

Crushes & Melancholy

我們在超市排隊隊伍中；在圖書館閱覽室中；在火車車廂角落的座位中；站在都市繁忙路口的街燈下。毫無預兆，就這麼發生了：我們立刻認出對方，感到無比肯定，這是一段渴望的開端。沒有人發現我們仔細端詳對方的所有細節：耳垂、頭髮垂落的樣子、眼珠的顏色、手腕。我們的想像力已經開始奔馳：結結巴巴但令人開心的第一聲招呼、最初幾次約會、在公園裡散步、第一次遲疑地碰到對方的手、最初溫柔的吻、一次海濱旅行、同居、結婚、兩個頑皮可愛的孩子。我們感覺到對方靈魂的脾性：他們的仁慈、冒險精神、有趣特質和善良本性。我們感覺對方在識人、政治、室內裝潢、旅遊方式和理財之道方面一定也和自己所見略同。我們知道對方是共享喜樂、分擔悲傷的對象。有時他們會嘲弄或稍微斥責我們，但我們知道他們是對的，也明白自己多想要改進。我們鍾愛他們身體稍微前傾、若有所思的樣子，我們想像撥開對方的頭髮，撫摸他們的後頸。我們樂於協助他們度過困難，也許是麻煩的家長或工作的憂擾，也願意讓對方瞭解我們自己的困境。

我們擔心有人能看穿我們的腦袋，摸清我們的想法，但幸好（目前）沒有法律禁止我們天馬行空的想像力靜靜地胡亂奔馳。我們的表情十分鎮定，真要說的話，我們看起來幾乎對周遭的世界毫無興趣，儘管同一時間，我們的額葉深處正想像著自己和愛人會如何裝飾新公寓或小木屋的客廳。接著，就如一開始那麼突然，燈號改變、火車進站、對方從閱覽桌旁起身、轉進陳列袋裝沙拉的走道，我們心都碎了。

弔詭與瘋狂在此上演。首先，我們堅信眼前這位陌生人就是自己命中注定的伴侶，卻不願採取任何行動來接近他們。向他們微笑不是很正常嗎？我們不該至少試著正眼看著他們嗎？不，與其如此，我們寧願被丟進滾燙的湯鍋。我們隨時隨地都在擔心打擾到旁人，我們本能地深恐自己對旁人造成再輕微不過的不便，而更根深蒂固的觀念是，我們確信自己令人難以接受。我們深愛這位陌生人，因此不願讓詭異可怕的自己成為對方的負擔。

其次，針對一個陌生人的外表編織華麗奇想有點瘋狂。我們要逐漸認識對方，我們拒絕將自己的慾望投射在一張空白的畫布上，我們明白，愛不是強加於某個不知情無辜靈魂之迷人外表的過分想望，而是以實際態度與腳踏實地的耐心，逐漸瞭解一個人真實個性的過程。我們知道自己這個習慣來自本性中殘破不堪的一部分：這必定是我們害怕親密感的症狀，同時是無法獲得真正滿足的徵象。到頭來，這只是我們讓自己孤老終身的花招。

不過真正瘋狂的是，雖然我們知道這一切，也總是對理性的同伴如此主張，但我們內心深處壓根兒不相信。假如我們能對自己坦白，我們會否認一切證據，堅稱我們在火車上、超市裡、圖書館中或市街上體驗到的感受，不是語無倫次的青少年幻想或早年創傷人生導致的荷爾蒙不平衡，而是愛。

我們熟知心理醫師常講的「愛的成熟樣貌」；我們甚至可能努力說服自己相信他們並付諸實行。我們可能已經擁有一段明智的感情關係，然而我們面對這位令人著迷的陌生人時所湧現的一切感受顯示，儘管接受過無數小時的情緒教育，我們仍然無可救藥地浪漫，全然無視理性與成熟的呼喚。我們心知自己該愛的是我們熟悉、能回以同樣慾望、個性相合的人。我們卻無法停止渴望之前在月臺上見到的那位陌生人。好幾天後，我們仍想著他們；而且光是看著他們的後腳跟，我們就能想像到他們的面容與個性。儘管只是在公車站相遇片刻，比起認識好幾十年的人，我們對他們的感受更接近愛。和別人在一起時，我們只能假裝，而此時，我們突然被迷得暈頭轉向。

我們太熟悉體面生活所需遵循的規範，因此無法輕易表露。當旁人詢問我們近況時，我們回答的是外在的行為動向，而不是自己狂亂心靈的漫遊歷程，不然會有一整列正經八百的人等著告訴我們這一切有多蠢。我們很可能真的很蠢，甚至比他們所說的更愚昧，但我們心中叛逆的一部分想要堅守這個固執、美麗而憂鬱的事實：這次的一見鍾情是我們所知最真摯的愛。我們是怪異而可恥的憂鬱少數族群：我們最深遠而強烈的愛戀對象，是從未和我們說過一句話的陌生人。

16

派對與憂鬱

Parties & Melancholy

派對可能是特別憂鬱的場合，從抵達多數派對現場的那一刻起，我們就會察覺到主人花了大量心思製造熱情、好客的氛圍。他們可能架設音響系統；氣球可能在天花板飄來飄去；現場還會提供色彩鮮豔的飲料。更重要的是，有些人會出於好心，細心觀察我們是否玩得開心。隨著夜色加深，他們可能微笑著走上前詢問我們：你還好嗎？玩得開心嗎？

他們的用意很動人，不過結果可能令我們非常傷心。絕大多數派對都抱持這樣的觀點，他們以為表現出快樂，尤其是意氣風發的那種快樂，能幫助人們感到放鬆、滿足；看見別人的好心情，聽聞他們的成功故事，聆聽他們興高采烈地描繪自己的上進動力，有助我們發掘自己的快樂與自信泉源。

這聽起來很合理，只不過我們實際的心理運作更為奇怪。看著別人慶祝並不能解救我們脫離孤立，反而是看到我們自己的困擾（各種羞恥、罪惡、悔恨、絕望、惱怒、自我厭惡）其實不像我們驚恐心靈中迴盪著的猜想，並非個人的詛咒，而是人類同胞的共通不幸，這才是真正的解藥。他人的哀傷印證我們的陰鬱並不孤獨，這才能提振我們的心情。

瞭解新的陪伴心理學後，我們可以來想像適當的社交派對應該是什麼模樣。派對上可能不會大聲播放活潑的音樂，也許背景只有憂鬱的巴哈大提琴協奏曲或安魂彌撒。派對主持人會邀請我們分享自己生活中的一切不完美以及外界社會不允許的話題，我們將有機會坦露自己某些黑暗的想法及焦慮。夜晚派對結束返家時，我們將真心感到快樂，因為我們終於可以卸下心中重擔，也能聽到別人生活中的悲傷。

一般人很容易覺得不想出席派對的人一定是厭惡人群，不過事實其實正好相反。我們討厭多數派對是因為我們異乎尋常地渴望人際聯繫，但一般聚會無法滿足我們對深度交流的渴求。我們想要獨處並不是因為我們真心討厭旁人的陪伴，而是因為我們渴望的是實質的相處，派對上乍看之下類似陪伴的東西卻一再令我們想起令人傷心的孤獨感。

我們通常只是呆站在派對中，身旁有大約四十人，卻感覺比在水星表面還要孤獨；這四十位參加派對的人原本可以為彼此提供諸多慰藉，卻集體被困在虛偽的歡欣之中。在更美好的未來，我們將學習如何舉辦乍聽之下有點矛盾的聚會——憂鬱的派對。會場上不需要擺出興高采烈的樣子，只會有一群異乎尋常脆弱而坦率的人圍坐在一塊兒，訴說生而為人有多麼艱辛。這才是應該好好慶祝的理由。

17

分裂與憂鬱

Splitting & Melancholy

將事物視作極好或極壞是大腦的典型衝動，分辨細微差異不是我們人類的強項或天性的歸宿。

二十世紀中期兒童精神分析師梅蘭妮．克萊恩主張這個問題能追溯到童年早期，這是她的傑出成就之一。克萊恩指出，嬰幼兒不由自主地將世界分成極好與極糟的對立陣營，從出生之後第一次吸吮乳房的那一刻起便是如此。克萊恩主張，一開始，新生兒並不明白母親是一個完整的人，起初，她們就只是一對乳房，是一切生命與養分的泉源。餵食順利時，乳汁充沛而富有營養時，乳房就是愉悅與完美的來源，無瑕又美妙，極致美好。但有時不容易含住乳頭或吸乳不順時，挫折感將難以忍受。嬰兒會認為乳房有缺陷、懷有報復心、無用、惡劣至極。於是嬰兒將母親二分為好乳房及壞乳房，克萊恩將此心理過程稱作「分裂」（splitting）。

之後，幼兒會發展出更完整、複雜的思維能力。他們會吃驚地意識到，原來兩種乳房都屬於同一個完整的人。更重要的是，這個人奇妙地兼具好與壞的成分，有時很有幫助，有時令人氣餒，既令人心滿意足又讓人抓狂。此外，許多人似乎也具有這種雙重特質，他們有時有趣，也有時惱人。每個人都具有這種雙重性，這並非什麼罕見的缺陷。孩童也開始認知到，他們自己也同時包含好與壞的成分，而這並不是厭惡或放棄自己的理由。人生可以充滿灰色地帶。

克萊恩明白這份認知得來不易，她指出，放棄黑白分明的觀點對孩童來說非常困難，這麼做會使他們陷入一陣憂鬱的沉思期，她稱之為「憂鬱寫實主義」（depressive realism）。在此悲傷的狀態中，一部分人生早期縱情的無憂無慮離他們而去。他們開始意識到，世界上沒有全然純潔的事物，另一方面，令人稍感安慰的是，徹底糟糕的事也不多。媽咪和藹可親，不過有時也非常煩人；爹地很有趣，但有時令人惱怒；幼兒園不是一直都很好玩，但也還不算太糟。

在治療工作過程中，克萊恩發現，部分成人並未成功度過「憂鬱寫實主義」期，很多人還深陷於「分裂」階段。也就是說，我們仍然以為人事物不是完全純潔、美好，不然就是糟糕透頂、令人厭惡。比方說，和我們政治立場相左的人，不由分說就是徹頭徹尾的大壞蛋：腐敗、可惡，應該承受永世臭名。令我們灰心氣餒的前伴侶必定是大惡人，行事惡劣，動機歹毒。職場上針對我們的提案提出質疑的同事，顯然居心叵測；另一方面，兩天半前我們在約會網站上認識的對象，則是徹頭徹尾地美麗動人。

克萊恩的見解是，成熟的人會排斥這類黑白分明的「分裂」立場。真正的成年人必須瞭解世界上沒有完人，也沒有無惡不作的壞人；沒有聖人，也沒有徹底的壞蛋。只有處於中間灰色地帶的凡人，試圖為善，但難免犯錯，努力說出抱歉，期望改進，而且總是充滿懊悔與羞愧。

小嬰兒甜美可愛，但分裂一點都不可取。某些傷害極大的報復行為、偏狹與政治壓迫，就來自分裂的心態，下令迫害敵人的將軍和冷血殲滅敵方的革命者，心中都有個憤怒的分裂幼兒。我們最偉大的成就，就是打從心底憂鬱地意識到：所有人，包含自己，都兼具惡魔與天使的成分，也因此，若要迎向還算可以接受的未來，包容和寬恕是其中不容妥協的要素。

18

後宗教與憂鬱

Post-Religion & Melancholy

一個人有無宗教信仰，簡單明瞭，不是信教，就是不信。然而，如果有人堅決不信——過去不曾相信，未來也不會信——卻仍深切希望自己能有宗教信仰，假若有人對宗教抱持某種憂鬱的鄉思（nostalgia），這時情況就變得有點複雜了。

他們可能「思念」宗教的哪些元素？以下列舉幾個可能的項目：

仁慈

我們可能渴望一位寬容的神，祂布施無盡的仁慈，祂能明白：儘管發生一切壞事，我們內心深處的出發點其實是好的，只是我們搞砸了、我們得意忘形、我們過於愚蠢，但我們深感抱歉。這位神會以略帶嚴肅及痛苦的表情看著我們，但接著會擁我們入懷，以親切的語調低聲說：「我知道你盡力了，我知道你很善良。我永遠愛你，我不會像別人那樣施加批判。」我們渴望仁慈的擬人化形象。

坦白

這位不見蹤影的神會允許我們坦白一切：我們曾說過的惡劣言詞、曾做過的糟糕事情……我們不必永遠背負祕密和罪惡。我們可以向神傾訴，跪在地上，做出贖罪的手勢，然後就可以卸下重擔，重新開始，在關愛的眼神下獲得重生。我們能擁有第二次機會。

祈禱

在承受特殊壓力的時刻，我們可以躺在床上祈禱，神會在黑暗房間的某處傾聽。我們請求祂，別讓我們的愛人受苦，祈禱自己的職涯不會被破壞，期望關係還能夠挽救。在面對挑戰前、在手術候診室中、在等待發表演說時，我們祈求一切順利，我們知道神正在聆聽我們的請願，而且已準備好為我們扭轉現實。

家長

我們可以坦承這一點：我們都想要神聖版本的家長。他們莊嚴、莊重、耐心、仁慈，隨伺在旁提供協助及安慰。就像我們兩、三歲時所期望的那樣，他們隨時明白當下情況以及需要完成什麼事情。如果出現問題，他們會立刻著手處理。他們有能力解決所有憂慮，當我們無力應付時，我們可以哭著向他們求援，然後他們就會輕撫我們的頭髮，並承諾一切終將安好。當我們生病時，他們會為我們蓋上棉被，為我們準備水煮蛋和吐司條，為我們講故事，之後親親我們的額頭，掩上門並留下一條小縫，讓燈光稍微照進來，好讓我們不會感到害怕。

莊嚴

我們可能渴望宗教的嚴肅與美麗。禮拜堂中，建築師將我們的目光導向永恆，聖樂喚起靈魂中最莊嚴的部分，他們邀請我們昇華至全然的純潔。在宗教的建築中，我們至少可以擱下平常的狹窄心胸、髒亂及自己令人反感的慾望。我們被逐出此處，但這裡是我們真正的家園。

美滿結局

我們最渴望透過宗教得到的，是美滿結局的保證，這遠超過其他事物，我們希望人生不會只是一場胡亂、可怕的鬧劇，最後以衰敗和無意義的死亡告終。

† † †

某種程度上，這些渴望都很可笑，像在走回頭路，但這不是反對的理由。我們應該允許自己嚮往這些心知無法成真的想法，這樣我們才能忠於自己心理的運作。不要像無神論者那樣，他們不僅主張宗教是一派胡言，更否定對於形而上溫柔與慰藉的祈求有任何效果。我們應該允許自己沉溺於後宗教的憂鬱狀態中，我們可以拜訪教堂、欣賞清真寺、遊覽佛塔、參與猶太會堂儀式並渴望相信，同時也勇敢認知到，我們注定永遠孤獨、不安、羞愧與恐懼。

19

十四行詩第二十九首與憂鬱

Sonnet 29 & Melancholy

當受盡時運的羞辱，世人的冷眼，
我獨自悲嘆為世所棄的遭遇。
徒然呼喚聾耳的蒼天，
顧影自憐，咒罵自己的命運。
多想像人一樣有大好前景，
像他儀表堂堂，像他好友成群，
想要有這人的才華，有那人的機遇，
過往樂事再也不令人動心。
正當鄙視自己之時，
我猛然想起了你，頓時景換情遷，
猶如破曉的雲雀振翅凌空，
自陰霾大地謳歌，直上天國大門。
你的柔情使我富足，

縱是國王，我也不願與之換位。

〈十四行詩第二十九首〉約作於一五九二年，作者威廉・莎士比亞（William Shakespeare）當時年近三十歲，處於相當憂鬱的狀態。他擔心失敗、遭到社會流放，害怕一提到自己的名字就可能引發反感。他陷入極度痛苦，一心想著自己的愚笨和厄運。他哀嘆無法從事自己最喜歡的工作，環顧四周，看到比自己成功得多且仍保有尊嚴及名譽的人，不禁感到絕望又嫉妒。

英國文壇中聲譽卓著的作家居然如此擔心失敗，居然像我們一樣，害怕哪一天，由於自己的愚蠢加上不幸的外在事件，將變成蒙羞的無名小卒，這當然難以想像。不過話說回來，在文學界中，「偉大」並非來自浮誇的空泛之論並以此妄自尊大；偉大的作家到頭來只是通曉如何以格外坦承的筆調，書寫普通生活中的驚慌與悲傷。

莎士比亞何以落入如此焦慮、如履薄冰的狀態？他為什麼那麼害怕失去所有？部分原因是，當時他的名聲尚未確立，他才剛寫成《理查三世》（*Richard III*）以及《亨利六世》（*Henry VI*）三部曲。接下來幾年，他將很快接著完成《仲夏夜之夢》（*A Midsummer Night's Dream*）、《威尼斯商人》（*The Merchant of Venice*）、《皆大歡喜》（*As You Like It*）和《第十二夜》（*Twelfth Night*）。不過目前來說，這些作品最多還只是他腦海中的草稿。還有另一個問題。莎士比亞有一位著名且極為惡毒的對手，對方不斷散播關於他的謠言，似乎決心擊垮莎士比亞，這位對手就是劇作家羅伯·格林（Robert Greene）。

格林憎恨莎士比亞。他曾撰寫一封公開信提出警告：「有一隻烏鴉暴發戶，以我們的羽毛打扮自己，演員的偽裝下包藏著猛虎的野心，自認才華和優秀的你一般高，能做出最浮誇的無韻詩。」格林稱呼莎士比亞為愛炫耀、譁眾取寵的蠢蛋演員，更進一步指稱他是博而不精的「萬事通」（Johannes Factotum），猛批莎士比亞沒有才華。在不同的時空場景中，我們身旁都有羅伯·格林這種人，不公允的程度分毫不減。世界上充斥羅伯·格林，他們把人生變得比原先可怕、齷齪許多。

倫敦劇場圈很小，成員心狠手辣，充滿流言蜚語。備受尊敬的劇作家發表這樣的評論意在造成傷害，也的確殺傷力強大。我們可以想像年輕的莎士比亞正在英國首都尋求立足之地，一定對刻薄的誹謗感到驚慌，擔心這種侮罵沒有停歇的一天，同時也知道有多少人對他發出不齒的嘲笑，害怕自己的善意永遠不會被發現，永遠背負粗俗無恥蠢蛋的名聲。

此外，嚴重的瘟疫正在蔓延。伊莉莎白時代，腺鼠疫重回英國。在莎士比亞出生前一年，疫情奪走八萬人的性命，現在瘟疫捲土重來。一五九二年八月至一五九三年一月，英國東南部有兩萬人死亡，其中一萬五千人來自倫敦。街頭爆發動亂，伊莉莎白女王搬離溫莎城堡避難。政府下令所有酒館和劇場關閉六個月，所有演員和劇作家都失業了。莎士比亞不僅名聲慘遭踐踏，同時還面臨財務危機。

如何忍受失敗的恐懼？在此莎士比亞可擔任我們的嚮導，雖然我們可能亟欲逃離恐懼，但真正能安撫心靈的，是直視自己最深沉的恐懼。我們應該勇於審視自己最害怕的情境，剝除陌生感，不再僅透過眼角餘光羞愧地看待這個情況。莎士比亞坦率地思考可能發生的情況：他設想最糟的發展，以便看清事件可能的演變。在此過程中，他也允許自己盡量宣洩情緒，展現弱點；對未來的我們以及當下身旁的人們，莎士比亞對自己的痛苦直言不諱。他坦承自己的情況有多糟，希望藉此打破孤立與不被接受的感覺。他想讓更多人認識這種原本非常私人、令人難堪的情緒。他想知道有沒有其他人曾經遭受相同的折磨，並如作家一般，向他所有讀者伸出想像的友誼之手。

接著來到撫慰之舉的核心。莎士比亞間接承認，追求成功的願望背後，是他想要受到尊重與喜愛的渴望。吸引他的是名與利，不過在此之下還有另一股渴求：獲得善待、避免羞辱。追求功成名就的背後，是對愛的追尋。這個想法確立之後，一個深具救贖意義的領悟就出現在眼前。其實，我們不需要受到整個社會愛戴；我們不必得到所有人的支持。就讓當代的羅伯·格林和他們未來世代在報紙、客廳和社群媒體上的繼任者儘管發表糟糕齷齪的言論，我們大可與他們劃清關係。我們需要的就只是幾位朋友，甚至一個特別的人的關愛，這樣就夠了。

一位纖細聰慧者的愛就能彌補全世界的背棄。如莎士比亞所說，擁有這份厚禮，比身為「國王」更幸福。追求名聲是不可靠的目標，有太多變化莫測的運氣因素：有那麼多人懷抱嫉妒，而我們又難免犯錯，落人口實。因此，我們必須尋找具有同情心的同伴，倚靠他們的關愛與敬重。當我們的名字出現在街談巷議中時，旁人可能譏笑或睥睨，但我們心安理得；我們將遠離充滿流言蜚語、疫情肆虐的城市，與真正瞭解我們的人們共享平靜的生活，我們不必刻意做任何事就能在他們心中擁有一席之地。

四百年來，莎士比亞的〈十四行詩第二十九首〉獲得無數讚譽，因為這篇作品以真誠的筆調書寫困擾我們所有人的焦慮課題，更提出我們明白一定正確無誤的解決之道。到頭來，情況可能撥雲見日：疫情可能緩解、事業可能有所起色、謠言可能止息，還給我們平靜。即便情況相反，即便一切都出了岔子，我們果真成為糟糕的代名詞，那麼深夜極感焦慮時，我們還是要知道應變之道：幾位寬宏大量、真誠、情緒成熟的靈魂，他們瞭解寬恕與仁慈、同情與慈愛，他們不會將我們貶低為難聽的外號，他們會向我們投以家長對子女或是神明對造物的愛。愛能給予救贖。我們很可能會失敗，但我們不必害怕那會是世界末日，因此我們得以用更自由、更輕鬆的心態來面對挑戰。有史以來最聰明、最善良的作家是這麼說的，而當我們驚慌之時，我們應該相信他。

20

建築與憂鬱

Architecture & Melancholy

建築有一項奇特又鮮少有人提到的特徵：他們會講話。他們不一定講得很大聲，有時可能只是低語，不過如果你走上前去，好好端詳他們，你絕對可以聽到他們的交談。

這是莫瑞泰斯美術館（Mauritshuis），位於荷蘭海牙，完工於十九世紀早期，採古典主義風格：

我莊重威嚴，看重禮儀，嚮往冷靜與理性，但我不希望冷漠待人，我喜歡留點空間給甜美與溫柔。你感覺如何呢？

有時候，建築喜歡談論更廣義的價值觀，以下也是莫瑞泰斯美術館的發言：

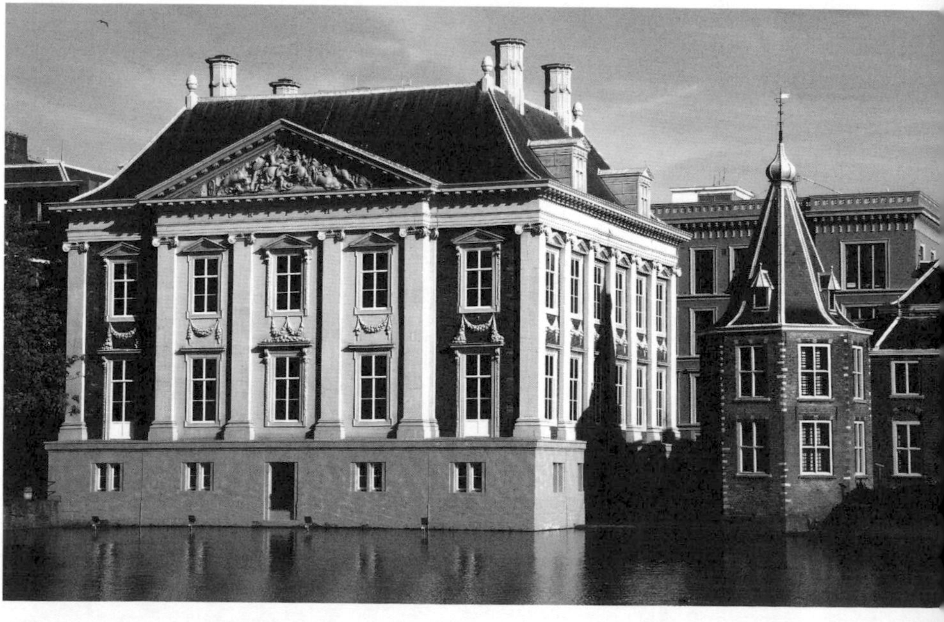

記得自己的祖先很好，這能幫你在時間長河中找到立足之地。我們只是漫長故事中的短暫片刻。過去諸多困難都已被攻克，銘記歷史能緩解當下的焦躁不安。像我就有些古希臘和羅馬的遠親。

我們來聽聽另一棟非常不同的建築——薩伏伊別墅（Villa Savoye）有什麼話要說。這棟建築位於巴黎郊區，由瑞士建築師勒·柯比意（Le Corbusier）於一九三一年建造完工。

我來自未來。我受夠了傳統和無聊

的現狀。最近，我從另一個星系旅行至此，在這片嶄新的土地上落腳安身。待在我身邊，我們將共創全新、更美好的生活。

當然，並不是所有建築都以如此宜人的語調對我們說話，有些可能吵鬧易怒或缺乏耐心，他們有點像那種不正眼看我們的人，無視我們的心情，也不會詢問我們的近況。馬德里郊區有一棟由荷蘭建築師團隊建造的大型住宅*，這棟建築的說話方式頗具戲劇效果。

孩子們，我不一定和你們年紀相仿，但我肯定想找些樂子！你喜歡我的新運動鞋嗎？常規令我厭煩，我們做些改變吧，擺脫陳舊，迎接狂野！有人要跳舞嗎？

---

*編註：該建築名為 Edificio Mirador，意為「瞭望樓」。由荷蘭建築團隊 MVRDV 與當地建築師布蘭卡．列奧（Blanca Lleó）合作設計。

憂鬱的種類

Varieties of melancholy

建築的問題是，他們對我們的自我概念有很大的影響力。我們往往對於自己的價值或社會的穩定與良善沒有定見。狀況好的時候，事物還算可以容忍；我們有一定程度的自信，對其他人類同胞也有一定的信任。不過，狀況糟的時候，我們感覺心情低落，焦慮而有罪惡感，對自己不太友善，也懷疑他人殘忍刻薄，準備傷害我們。

建築對我們的心理狀態至關重要，他們可能拉我們一把，也可能把我們推向深淵。我們的心理狀態是否穩定，建築物當下所說的話握有關鍵影響。在訴說原諒、溫柔與謙遜的街道上，世界彷彿充滿良善，我們可以自在放鬆，仁慈對待自己。如果我們在另一種環境中待了太久，外界就會開始突顯我們內心世界的陰暗面。這些街道尖刻地向我們談論羞恥、沒沒無聞、人生毫無價值、只有金錢和成就才算數；門窗、建築體積、鍍材都可能傳達這些禁忌訊息。

我們不應在意，但很難不被動搖。很少有人能不被街道的話語左右，幾乎都會受到長期影響。因此我們渴望著能夠尊重、喜愛我們的地區，非常害怕那無情而負面的地帶。

憂鬱心靈應該特別注意自己日常相處的建築物，他們的話語對我們尤有深遠影響。我們格外需要能鼓勵我們性格中較堅強那一面的訊息，協助我們抵抗弱點。

委託建造建築物時，多數委託者會告訴建築師他們所需的房間數和偏好的格局。但如果建築作品的重點功能是向其脆弱的居住者溫柔地說話，那麼憂鬱者委託建築時，他們可能會請建築師打造一棟能夠說出以下話語的建築：

> 我知道人生通常充滿悲傷和困厄，我自己也經歷過不少，我年紀不小了。我的形體並不完美，但受盡風霜、度過艱辛之後，依然可以正直誠實。你不必處處完美也有生存在這個世界上的權利，你已經夠好了。我舒適又堅固，你受過很多苦，我永遠支持你。

21

青春期與憂鬱

Adolescence & Melancholy

如果人生有任何一個階段可以名正言順地憂鬱，那麼大概就是十三至二十歲之間的這段時期。

很難想像如果這個時期沒有經歷大量痛苦徬徨、傷心的自省和強烈的不知所措感，接下來六十年怎能擁有成功或稍微滿足的人生。

青春期悲傷與狂怒的根源是，此時我們意識到，與我們至今的想像或成人世界美好一面令人誤會的假象相比，人生其實更為艱辛、荒謬、缺乏成就感。童年多愁善感的保護罩褪去，我們瞭解到一系列熾烈難受而重要的真相。

首先，我們發現沒有人瞭解自己。

當然不完全是這樣，不過一個人越複雜，就越不容易立即獲得他人的理解。因此，隨著孩童長大成人，身旁的人能立即給予同情並快速掌握其內心狀況的機率驟降。

青少年的第一個反應是認為自己受到詛咒。之後他們可能瞭解到，我們仍有可能與其他人建立真實聯繫，只不過極為罕見。因此個人可能採取幾項重要措施。首先，對於任何瞭解自己的人抱持高度而應有的感激之情。其次，更努力讓他人瞭解自己。青春期早期惱怒的牢騷可能逐漸消失，被青春期晚期更具文采的詩詞、日記和歌曲取代。人類所譜寫出最優美的作品，多半來自身旁沒有傾訴對象之人的手筆。

最後，自己與眾不同的感覺，意味著關鍵時刻的到來（雖然這樣的感受在當時可能很令人困擾），新世代開始探究現存秩序並選擇性地加以改進。十六歲的年輕人如果覺得一切現狀都很完美，那麼其認知的貧乏程度令人驚恐。拒絕接受世界上的愚蠢、錯誤及邪惡，是人生稍晚獲得成就的先決條件。如果要在餘生獲得任何成就，除了經歷悲慘的青春期中期外，幾乎別無他法。

青春期的另一個關鍵領悟是，發覺自己痛恨家長。

如果青春期孩子轉身向家長高聲喊道：「我討厭你們」，那這簡直是對家長關愛與照顧的豐厚回報。這不代表教養出了差錯，而是孩子明白自己擁有關愛的證據。青春期孩子之所以在家長身邊舉止失禮、拿家長出氣，是因為他們沒有後顧之憂；擔心自己不被愛的孩子才不敢踏錯一步。

要培養對他人的信任，幾次親身測試的經驗深具重要性，你可以告訴他們自己所能想到最糟糕的事情，然後見證他們仍留在我們身邊、原諒我們。我們必須試著打破這份愛幾次，才能相信愛的堅固。

當然，每個人的家長在許多方面真的相當惱人，不過這也是重要的領悟。如果我們沒有在某種程度上想要彌補自己十四歲半時在家長身上所發現的問題、過錯與惡習，我們也不會離家，然後自己也為人父母。

青少年悲傷的另一個來源是，他們的腦袋突然冒出許多重大問題，尤其是：這一切到底有什麼意義？這樣的質問至關重要。青少年提出的這類問題常被安上惡名，不過比起問題本身，更重要的是他們如何回答這些問題。人生的意義是什麼？為什麼人生有痛苦？為什麼資本主義無法給予人們更公平的獎勵？青少年是天生的哲學家。有人認為，青春期的終點是他們不再提出深奧問題，開始平淡過日子的那一天，其實並非如此。當我們獲得足以打造往後整個人生所需的資源與智慧，能與從十七歲開始困擾著我們的大哉問和平共處時，才是青春期真正的結束。

最後也最令人痛苦的是，青少年經常痛恨自己。他們討厭自己的外表、說話的方式以及別人對自己的印象。一切感覺好像與被愛正好相反，但其實這些孤立、自我厭惡的點滴是愛的初始。未來有一天，當我們遇見能接納、渴望我們的罕見伴侶時，這些感覺會是那份狂喜的基石。除非我們度過許多孤單流淚入睡的夜晚，否則溫柔不會別具意義。

自然的安排似乎就是如此，我們不先經歷一番痛苦，就無法獲得某些領悟。其中真正的區別在於，有些痛苦有所價值，有些純粹是枉然。以青春期的眾多驚恐來說，其中一項優點是，成人的重要發展與領悟，多數根植於這個階段的痛苦。令人目眩神迷又悲慘的這幾年值得受到讚頌，因為他們帶給我們最純粹的憂鬱。

22

五十歲與憂鬱

Fifty & Melancholy

再明顯不過，五十歲是憂鬱的年紀。在此之前，我們都還能抵擋人生走下坡的謠言。在某些情況下，我們甚至還能裝年輕。只要謹慎選擇衣著，吸收流行音樂新知，我們站在一群三十五歲的人群中可能還不會太突兀。如果我們冒險自嘲垂垂老矣，別人可能還會叫我們少誇張了，然後說幾句安慰的話，而這原本就是我們的意圖。不過現在，一提到自己的年紀，比我們小五歲以上的人都會不禁蹙眉。五十歲不再是玩笑或可愛的自嘲：這是老年的開端。

而且我們有親身體會，明白從四十歲到現在，時間過得有多快，這加深了恐慌感。再幾十年，我們就離不開結腸造口袋和輪椅了。我們內心可能仍感年輕，不過手上的皺紋並不同意：這是一雙老人的手。今天自己的醜照在三年後看來無比青春，將令我們深感自豪。「醜照」是時光旅行的一種，顯露我們未來的老態。

到了這個年紀，我們身邊的人開始離世。不同於二十幾歲時碰到的那種偶發悲劇，現在死亡已經變成常態。我們開始習慣閱讀訃聞。不可避免地，我們的憂鬱也有性的成分。我們羞愧地退縮到角落，心知自己的外表對許多人來說有多噁心。多數人一想到我們的性慾就感到難堪，彷彿被年長親戚意淫一樣，完全違反自然。由於羞愧，我們變得正經八百而疏遠。年輕一輩可能覺得我們不友善，甚至冷漠；但我們只是想確保他們知道我們並沒有過度關注他們。他們也可能形容我們「可愛」或「親切」，彷彿一隻無害的寵物。

到了人生這個階段，我們已累積豐富經驗。深夜將睡未睡之際，我們腦海中可能自發隨機出現胡亂的影像，人生的不同階段浮現在眼前：小學的書桌、大學時第一間宿舍、巴黎那間飯店、拜訪舊金山的旅程、中式餐廳的那一晚、孩子出生不久後海岸邊的那道曙光。我們經歷過許多，有時覺得自己彷彿有一千歲。

幸好，到了五十歲，我們比以前更擅於感恩。我們深知人生不會無限延續下去，因此不像之前追求更偉大目標的時候，現在比較不會對眾多事物嗤之以鼻。我們經歷過夠多驚慌與戲劇性事件，已懂得欣賞平靜的一天。我們遇過夠多的人，充分見識過人性的複雜，已能對獨處感到滿足。同時，我們也不像以往對自己那麼感興趣。我們已經知道自己有多少部分永遠不會改變，也知道自己搞砸了多少事。另一方面，我們開始對歷史中奇特的時期和別的國家感到著迷。我們在人生更寬廣的長河中洗去自大。也許我們的名譽與聲望沒那麼重要。成功只是空想，帶來的只有暫時的欣羨，而真正重要的是人際聯繫和親密感，讓我們能夠卸下平常勇敢的樣子，承認人生有多辛苦、自己有多傷心。我們受夠了炫耀與假裝；我們仍然在意的人都是好人，他們同樣受過苦，知道如何透過自己的痛苦與他人建立聯繫。

我們可能越來越容易被小孩子感動。我們自己較年長的子女正在樓上房間裡生悶氣，他們現在正值鄙視我們的年紀。不過當我們在公園裡看到小小孩快樂地衝向母親，他們的步伐搖搖晃晃，我們知道一把抱起他們的手感；我們還記得他們的重量，那是人類生命中某一階段特別的輕盈感，也渴望那個時期的單純，當時還不需承受那麼多怨憤，只要提議跳支舞或吃冰淇淋，就能成為孩子眼中的英雄。

五十歲時，我們位於溜向死亡的滑梯頂端。未來幾年，我們還可以直挺挺站好，但過不了多久，背部就會開始僵硬、膝蓋無力（現在關節就已經會發出奇怪的聲響），連彎腰穿襪子都有困難。但我們無法抱怨不公或把這件事呈報當局，因為所有人都逃不了這種經歷。我們出生所簽署的合約就載明這種情況，這不是上天的暴行或失誤，雖然感覺非常相像。

唯一的排解之道就是輕鬆看待自己的絕望，把老年經歷變成黑色笑話的題材。現在要做什麼大改變已經太遲了，不過我們可以學著以盡可能的尊嚴乘載我們的平庸，重新認識謙遜，離開我們不再適合的各種情境。我們應該調整心境，轉換為最適合這個年紀的情緒；我們應該學習「在土星座下生活」，沉浸於不再自大的良性憂鬱中。

23

奢華與憂鬱

Luxury & Melancholy

有那麼一個年紀與那樣的心態，那時我們足夠堅強，能向奢華投以它應得的每一分蔑視；那時我們知道如何以正當的鄙視看待奢華的代價、無用及虛榮。當我們年輕懷抱希望時，我們知道便宜旅社同樣能乘載我們的夢想，沒必要入住價格過高的飯店；我們瞭解飛機前排浮誇座位的愚蠢，頭等艙乘客不會比其他人早一分鐘抵達目的地。我們有足夠富足的未來，不會混淆買來的和藹與真愛。

然後到了某個年紀，心態變得更為肅穆、憂鬱，那時（如果有餘裕的話）我們可能發現自己對清苦的堅持開始搖晃、傾頹。我們可能砸錢買下鋪有鬆軟地毯的寬敞飛機座位（雖然我們曾經鄙視頭等艙），發覺到之前未曾想像過的深度滿足感。搭乘飛機，飛過地球上空，我們受到新朋友的妥善照顧，他們甚至不嫌麻煩記下我們的名字，替我們用木製衣架把外套掛在衣櫥裡！飛越通過印度中央邦的北回歸線時，村落在煤油燈下一閃一滅，此時我們接過餐盤，上頭是體貼細心、名聲顯赫的主廚精心擺盤的小圓麵包、龍蝦尾沙拉、菲力牛排和我們所曾品嘗過最甜美的榛果巧克力蛋糕，此時我們可能為周遭的美麗與體貼流下感動的淚水。這彷彿重回孩提發高燒的時候，享受父母盡心盡力的照料。如今雙親已經離世，我們也不再是穿著大象睡衣、人見人愛、從沒犯過什麼大錯的可愛小孩。

或者，當我們身處異國城市時，儘管價格高得離譜，我們仍無法抵抗主廣場上美好年代（Belle Époque）風格豪華飯店的吸引力。在加大浴缸讀書一小時後，我們可能叫客房服務點餐，不久之後，就有另一位新朋友敲門拜訪，將餐車推到潔白無瑕的特大雙人床邊。客觀來說，餐點本身（炸雞排或鮭魚義大利扁麵）可能沒什麼亮點，不過充滿象徵意義：我們在飯店裡的新家人以餐車下特製的加熱凹槽為餐點保溫，或蓋上銀色圓頂蓋。某位天使猜想我們可能喜歡花朵，於是在細長的玻璃花瓶中插上一枝鬱金香，讓我們以好心情用餐。另一位守護神擔心我們吃不慣麵包口味，於是提供了令人驚奇的多樣選擇（核桃、橄欖和大蒜）。客房服務員喬治親切地打斷我們的白日夢，詢問我們想喝開水或氣泡水；番茄沙拉要淋上巴薩米克醋還是白酒醋。

這類奢華享受可能變得很重要（甚至太過重要），因為在生活的其他面向，很多事情都出了差錯，原因既複雜又絕對。早餐時和子女打招呼時他們不再抬頭理會；配偶心懷怨懟。由於疏於聯繫，我們已失去多數朋友。我們身邊的親人似乎處處看我們不順眼。我們越來越相信自己的存在平庸又了無意義。

喔，不過在這裡，在頭等艙或豪華客房中，至少在這幾個小時內，情況完全不同，這裡只有親切與溺愛。當然這都是虛偽的，由驚人鉅款堆砌而成，只要信用卡刷不過，一切就會戛然而止（我們也會在幾個鐘頭內鋃鐺入獄）。不過只要金流不停，我們就能盡享驚人的愉悅服務：我們所渴望但幾乎未曾受過的親切與體貼，我們也知道自己不值這樣的對待。

當然，金錢買不到我們真心想要的事物：身邊人們的溫暖問候。不過偶爾至少能買到一些體貼的象徵，有時這就是我們可悲又極盡不完美的人生中所能冀望且實際可得的最好結果了。我們的內心往往不夠堅定，無法認清奢華的愚蠢本質。

24

週日晚間與憂鬱

Sunday Evening & Melancholy

憂鬱情緒通常約在下午五點至晚間七點半開始降臨，於六點達到高峰，此時天氣開始轉變，最後一道日光也將天空染成緋紅。

週日晚間的憂鬱感受常與工作有關，捨不得結束愉快的休息，不願返回辦公崗位。實際情況其實更為複雜，這個解釋無法完全說明。我們心情低迷的原因不只是明天有工作要做，而是因為那是不適合我們的工作，雖然我們也全然不知道適合自己的工作到底是什麼。

我們內心都有一個所謂的「工作的自我」，這個自我擁有一套偏好和能力，渴望向現實原料施展影響力。我們想要在工作之中注入自己的重要元素，確保能在我們所提供的服務及產品中看見自己的樣子。這就是我們認知中的合適工作，我們需要合適工作就像我們需要愛一樣理所當然、一樣強烈。找不到職業歸屬就和尋不得親密伴侶一樣令人心碎。覺得自己入錯行、找不到真正的使命不是什麼小問題，反而可能是人生的核心危機。

週間我們通常可以不太去想這個問題，那時我們過於忙碌，受金錢的急迫需求所驅使。不過週日晚間，我們開始為這個問題煩擾。這個危機彷彿飄盪於兩個世界間的鬼魂，求生不得，求死不能，因此只能猛敲意識的大門，要求一個答覆。我們感到傷心是因為，有一部分的自己意識到時間所剩不多，而我們現在的工作並不是餘生該做的事。週日晚間的痛苦來自意識的攪動，隱約叮嚀我們要在人生結束以前發揮更多潛力。

週日晚間有其歷史。一直到最近以前，過去幾百年，能否透過工作表達真正自我只是少數人的問題。多數人工作是為了生存，能有最低收入就感激涕零。但現在我們的期望變高，由於看過夠多例子，我們知道真的有人這麼做，也就是是說，自己其實可以在商業引擎中運用自身真摯的天賦。我們知道自己不必在職場中悶悶不樂，也因此我們的無所作為只是徒增羞愧。

我們不應該這麼嚴苛對待自己。目前還沒有機制能把所有工作與有意義的天命配對在一起。因此雖然我們很確定現在這份工作不適合自己，卻也對真正的使命在何處茫然無知。

解決之道不外乎耐心與堅定的自我檢視。我們需要某些偵探技巧，或是學習考古學家拼湊破罐碎片的耐心。我們不該天真地用「週日憂鬱症」來解釋自己的煩憂，用喝酒和看影片來掩蓋這種情緒。我們應該將之視作一個核心問題，尋求埋藏在討好他人以及追逐地位與金錢等短期需求之下的真正自我。

換言之，我們不該只在週日晚間品嚐週日晚間的感受，而是應該把這些感受置於生活中心，用於敦促我們進行數月、甚至數年的持續探尋，鼓勵我們與自己、朋友、導師及專業人士對話討論。週日晚間的幾個小時中，悲傷與焦慮降臨是嚴重問題的徵兆。我們不只是因為兩天的休息即將告終而稍感困擾；我們難受的原因是：週日晚間提醒著我們，必須在為時已晚之前發掘真正的自我，還我們的天賦一個公道。

25

艾格尼絲・馬丁與憂鬱

Agnes Martin & Melancholy

如果憂鬱有御用藝術家，那麼美國抽象畫家艾格尼絲・馬丁當之無愧。在她長壽的生命中（一九一二－二〇〇四），她產出上百幅油畫，多數長寬一點八公尺，但內容相當簡潔。從遠處看，這些畫作只有簡單的白色或灰色，不過靠近一步，就會注意到以鉛筆手繪的網格圖案，網格之下還有水平的色帶，通常是顏色非常淺的淡灰、淡綠、淡藍或淡粉紅色。這些畫作邀請觀看者擺脫人生平常的淺薄，浸淫在空無的深淵中，觀畫帶來撫慰、感動的效果。我們可能泫然欲泣，但自己也不太明白原因。

這些作品看似單調，不過呈現的效果非同小可。馬丁解釋道：「簡約從不簡單」，她曾研讀禪宗多年，她知道簡潔可能令人感到害怕，因為這會提醒我們注定終將回歸虛無，我們平常靠著喧囂、忙亂和無意義的活動逃避這個事實。「從東方觀點來看，簡約是最難達到的境界，我不確定西方是否瞭解簡約的概念。」

馬丁在新墨西哥州中北部的陶斯（Taos）小鎮度過晚年，此處設有艾格尼

艾格妮絲・馬丁藝廊
（陶斯哈伍德美術館的展間之一）

絲・馬丁藝廊，展間是一個八邊形房間，展出七幅馬丁的畫作以及極簡藝術家友人唐納・賈德（Donald Judd）所設計的四張立方體鋼製座椅。在這裡，我們可以察覺到自己平常偏離重要的事物多遠，有多常在毫無意義的喧囂中迷失自我。這些畫作叮嚀我們拋開慣常不停的自我推銷。這裡只有我們和自己的心跳，由上方天窗流瀉而進的光線（新墨西哥的雲朵只偶爾飄過），由數千個手繪網格及一條條淡薄的灰色及粉紅色調重複交織而成的耐心成果，以及地球剛誕生之時瀰漫在汪洋之上的平靜。

我們不該假定艾格尼絲・馬丁人也像她的畫作一般平和。事實上，年輕時，她被診斷出妄想型思覺失調症，曾經數次陷入極端憂鬱。她常聽到腦中自我批評的聲音，試圖說服她結束生命，她的心靈如地獄般混亂。因此我們更能理解，身為藝術家的她何以不自禁創作出世人所見識過最平靜的作品，數十年來傾注無數小時獨自待在新墨西哥州沙漠邊緣的小屋中，聆聽巴哈和貝多芬的音樂，在畫布上描繪網格，塗上象徵禪宗揚棄自我、皈依宇宙和諧的色彩，從中獲得無盡慰藉。

如果我們受到感動，不是因為我們的人生極為平靜，而是因為，就像畫家一樣，我們長久以來已太過熟悉過度喧囂。這些油畫就像地圖一般，指引我們回歸已然忘卻的寧靜。我們可能指著畫作說，這裡就是我們真正的歸屬。如果我們多花一些時間細細咀嚼自己的感受，不再用聰明的頭腦來抵抗悲傷，而是選擇與神祕和平共處，那麼我們也許可以達到畫作呈現的境界。

現今，由於藝術市場的運作悖離常理，艾格尼絲．馬丁的畫作要價等同私人飛機，我們通常只能在吵雜的公共美術館欣賞這些畫作。在理想的情況中，我們都有能力擁有幾幅馬丁的作品。不過目前來說，我們至少可以好好欣賞高畫質的線上版本或複製品。他們是最優秀的悲傷圖畫，他們瞭解我們的煩憂；瞭解我們多麼渴望溫柔，但日常的一切有多麼坎坷；他們希望我們擁有小孩的純真，以及不再抗拒、能敞開胸懷歡迎各種體驗的年長智者的心靈。從馬丁為畫作的命名可以看出她想要表達的意念：《深情的愛》（*Loving Love*）、

《感激》（*Gratitude*）、《友誼》（*Friendship*），還有傑作《我愛全世界》（*I Love the Whole World*），這些作品所要表達的愛並不是一切盡如人意時的感受，而是經歷漫長的痛苦之後，雨過天青的澄明。

艾格妮絲・馬丁《我愛全世界》

26

葛飾北齋與憂鬱

Hokusai & Melancholy

觀看富士山有兩種方式。從地質學角度來看，富士山屬於層狀火山，高三千七百公尺，山齡約一萬年，上一次爆發是在一七〇七年。富士山位於日本中央的本州島，處於阿穆爾板塊、鄂霍次克板塊及菲律賓海板塊交會的斷層線之上，岩漿庫內部壓力約一百六十萬帕斯卡且持續上升，峰頂均溫為攝氏零下五度。

不過富士山同時也具有靈性的一面，神道教和禪宗傳統都將其描繪為智慧與啟蒙的媒介與守護者，也建築寺廟、制定儀式來向富士山致意。人們認為富士山有其意義，想要向我們傳達智慧。佛教認為人們時常忽視自己在自然界中其實無足輕重，我們常忘記自己在宇宙秩序中其實毫無力量、無關緊要。這種健忘帶來毫無用處的幻覺，我們的挫折、憤怒及無謂的自以為是，多來自與此。我們之所以對世事感到憤怒，是因為我們無法看透自己所面對的必然。因此佛教經常叮嚀我們關注自然萬物（岩石、陣雨、溪流、高聳的雪松、群星），藉此幫助我們謙虛地體認到自己的渺小。自然萬物提醒我們別無選擇，只能臣服於自然法則，而能否獲得自由端視我們能否調整自我來順應逆境。禪宗認為富士山是普世真理的巨型傳遞者，而且祂傳達意旨的方式超凡脫俗，簡潔澄明，值得獲得格外崇敬。富士山之美在晴朗的天氣中顯而易見，火山椎上鋪滿新雪，幫助我們接受人終有一死的事實，相較之下我們的任何成就都毫無重要性，而與地球所見證的萬古長河相比，我們渺如螻蟻。

版畫藝術家葛飾北齋七十幾歲時，在日本已是家喻戶曉的人物，而當時一個突發奇想的想法，使他名流後世。他計畫創作名為《富嶽三十六景》的一系列作品，以間接的方式描繪富士山，於一八三〇至一八三二年間陸續發表。

在流經深川的隅田川支流上，我們瞥見富士山隱身在繁忙的大橋之後；富士山在背景之中遙望東都（東京）駿臺經商交易的工人與旅人；京都龍安寺的參拜者就著富士山背景在花園中野餐，農人牽著駝著草的馬遠眺富士；富士山遙望尾州的半裸工匠製作木桶，監督工人修理東都三井店鋪的屋頂；登戶浦的漁夫往籃子裡裝滿蛤蜊，一群尋歡作樂者在品川御殿山中飲酒賞花，而富士山就在背景中靜靜地坐著。

在幾幅版畫中，自以為是的人類微不足道又毫無抵禦能力，與雄偉又無動於衷的大自然呈現鮮明對比。我們對畫中的事物感到惋惜與憂鬱。在系列作的第十幅版畫中（見左頁），一群旅人沿著駿州江尻附近的東海道，在水稻田中迂迴前行。當時是秋季，倏地吹起一陣狂風，光是如此就足以吹亂我們對秩序的掌控；葛飾北齋畫中的人物立刻被拋入混亂之中。他們努力設法壓住帽子，隨身物品被吹入稻田，飄散的紙張（可能是小說的手稿或退稅單，不論是何者，都象徵著被打亂的人類理性與假設）終將遺落忘卻，可能降落於相鄰州分或附近泥濘的溝渠中。葛飾北齋藉此告訴我們人性的真相：易受打擊，一陣強風就可能帶來災難，在自然面前毫無抵禦能力，若試圖以幾張紙來釐清人生的意義，卻和螢火蟲的火光一樣轉瞬即逝。

在第八景中，太陽沉沒到富士山之後，黑夜將於半小時後降臨。兩位登山者正沿著陡峭的犬目峠山路攀登而上，兩位商人在他們身後一段距離之處帶

左：葛飾北齋，《富嶽三十六景》之第十景
《駿州江尻》，約 1830-1832

著背負重物的馬匹前進。我們可以看出後面那對商人陷入困境，因為馬匹無法在黑暗之中走上山路，很可能跌落山谷。對運氣不好的商人來說，這裡也許就是終點。即便如此，畫中的整體氛圍並不是悲傷或驚慌。富士山一如往常平靜，即便在山的陰影中，人們入土埋葬、死於癌症、祈求前往天堂或是懊悔自己的一生，但大自然一點也不在乎我們，這是我們遭譴的根源，不過當我們體認到這個事實，同時也是救贖的開始。

接著是最知名的一景，也是系

列作的第一景（見左頁），畫作呈現神奈川外海的三艘漁船，這些漁船是行進速度快的押送船，每艘船上有八名健壯的槳夫及兩名支援船員。漁船的任務是替東都的市場及餐廳捕撈新鮮魚貨（通常是鮪魚、海鱸魚或比目魚），不過大自然似乎別有打算。大海才不在乎今晚的壽司捲有沒有著落，也不在意這三十個小人物的性命，不管他們有家要養，也有自己的希望與夢想。於是大海決定興起高十二公尺的巨浪，掀起漁船，提醒人類誰才是真正的主宰。我們不禁為這些漁人的命運顫抖。這看起來不像是倖存的景象，而是葬禮守靈的前奏。富士山冷漠地旁觀，白雪覆蓋的山峰和前景的海浪有幾分相像。大自然毫不在乎我們，當我們消失在世上，自然也不會掉一滴淚；在大自然的威力之中，我們命如草芥。

葛飾北齋可以選擇透過任何自然景物來描繪人類無能為力的憂鬱冥想，例如《月亮三十六景》、《浮雲三十六景》、《仙后座三十六景》（夜空中四千光年之外的微弱亮光）。在這些景色之中，他的才華也能捕捉到人類所有

左上：葛飾北齋，《富嶽三十六景》之第八景《甲州犬目峠》，約 1831-1832

左下：葛飾北齋，《富嶽三十六景》之第一景《神奈川沖浪裏》，約 1830-1832

冨嶽三十六景
甲州
犬目峠

冨嶽三十六景
神奈川沖
浪裏

荒謬的遭遇：拌嘴的情侶、完成一本書的作者、因醫療診斷哭泣的病人、渴望陪伴的情人。

我們必須瞭解，從宇宙的角度來看，我們的所作所為多半都可笑至極。我們的生命不比蚯蚓重要，也和牠們一樣脆弱。若說我們能拾回任何一丁點意義，唯一的方法是不再過於在意自己，認清宇宙行星間的真相，以某種程度的沉著來思索自己的死亡；充分瞭解自己的荒謬，並以此作為仁慈、藝術與憂鬱的催化劑。

27

旅行與憂鬱

Travel & Melancholy

獨自到某處旅行的憂鬱，人生少有。想像自己深夜身處某個現代化大型機場，多數航廈都已空無一人，剩下少數班機都準備飛往別的洲，我們多數都要在明月照耀的海上度過今晚。等待的旅客散布在航廈各處，有些人在睡覺，多數人在查看訊息，少數幾位憂戚地發呆。室外，維護人員正在裝載行李、補充燃料；一疊疊餐點正送入機上廚房。偶爾會響起一聲金屬撞擊聲，提醒我們注意自己的行李或聆聽準備登機的公告：大阪、舊金山、北京、杜拜。好多意料之外的未知地點，世界仍然無比龐大又陌生。

透過平板玻璃窗我們可以聽到引擎的呼嘯聲，另一架龐然大物已經升空，很快就要輪到我們。在這裡每個人都是朝聖者，每個人都茫然若失，比起訴諸定居社群與和諧家庭的濫情環境，我們在這裡也許更容易獲得理解。我們都是格格不入的游牧者，沒有人屬於這裡，也因此所有人都能融入其中。永遠感覺像外人的我們，在夜間十一點燈光明亮的孤獨機場中，沒有比這裡更像家的地方了。

在舉目無親的城市飯店房間中，我們可能感覺到同樣令人欣慰的憂鬱。一整夜，我們可能都獨自看著電視、享受客房服務、凝望庭院對面三百個類似的窗戶。我們的思緒可能感受到全新的遼闊與自由，擺脫家庭的日常要求以及保持一致、可知、可預測、溫馴的壓力。陌生的家具、電視上的國外肥皂劇以及城市的聲音，允許我們探索原先所抗拒的想法。從客房床上，我們可以望到其他房間中有人在閱讀；他的樓上有一對伴侶似乎在吵架；另一個房間裡有一個小孩正向泰迪熊介紹窗外景色。我們對這些素昧平生的人突然湧起一陣關愛，在這個我們無心認識的國家中、一個醜陋而富裕的城市的邊緣，在一棟可怕又平凡的水泥建築中，我們和這些人短暫共存。我們想要向他們傾訴多少心事；有多少祕而不宣的悲傷和懊悔；我們是否值得獲得原諒及溫柔？

在機場、飯店、餐館、火車站這些平凡的地點，我們有機會認識自己人格中被否認的一面：悲傷、懊悔與失去。周遭的淒涼讓我們從家裡虛偽的慰藉中獲得解脫。我們不必再假裝，這裡的環境鼓勵我們坦承已隱藏太久的悲傷。

比起我們理應可以依賴的友人，在這些孤獨處所遇到的局外人反而更能提供我們所渴望的真正歸屬感。

在人工造作、燈光明亮、俗豔、廉價的醜陋旅遊地點中，可能存在幾乎稱得上美麗的事物。缺乏居家感的環境、無情的照明及平凡的家具能提供替代選項，有別於尋常好品味所隱含的殘忍。比起貼有壁紙、掛上裱框照片的溫馨客廳，這裡可能更易於表露悲傷。

無以為家時，我們可能最感自在。

28

厭世與憂鬱

Misanthropy & Melancholy

「厭世」（Misanthropy）的字義是：「討厭人類」，我們的語言中居然存在這樣的字，這相當古怪。某種現象要得名，就必須獲得夠多人的認同，必須是我們能在自己或他人身上辨識出的特質，因此才會想要為之命名，甚至在某些情況下引以為榮。

世界上眾多語言都有這樣一個直截明瞭的字，顯示儘管我們表面上可能忠於自己的族類，但仍有人會觀察人類整體——我們的所作所為、思維模式——然後決定摒棄，而且這並不是什麼罕見的事。看見人類無止盡的暴力、邪惡和愚蠢，我們可能希望世界從未演化出人類；我們可能認為人類的確是地球上無止息、有失尊嚴的瘟疫，立即消失也毫無遺憾。

厭世並不是偏見或勢利。厭世者並沒有排擠特定族群或給予特權待遇。他們一視同仁，對自己也一樣。他們只是抱持一種非主流的看法，認為人類是一種恥辱，不值得生存在世界上。這是一種超然的想像：身為人，卻在經過慎思之後認定人類的存在是一種宇宙錯誤、道德缺陷。

什麼樣的想法造就厭世者的觀點？人類何以令人厭惡？真正的原因說也說不完，以下茲舉數例：

- 人類的暴力本性根深蒂固。我們不斷透過標舉崇高目標來正當化訴諸殘酷行徑的決定（我們為雞毛蒜皮的事征戰，卻打著祖國、正義、神明的名義）。我們頻繁而歡欣地訴諸殘忍，背後似乎有更深層的原因作祟：我們本能地嗜血，因此喜愛暴力；我們大搞破壞，是因為如果不把握機會撒野，我們會感到無聊，畢竟打架很有趣。
- 我們懷抱徒勞的報復心。要是有人辜負我們，與其升起些許包容與人性，我們的傷口會驅策我們一逮到機會就更大力地回擊。弱者才以眼還眼，我們寧願一有機會就大開殺戒。

- 我們無比自以為是。我們一部分大腦無時無刻不在編織理由，正當化自己的行為，消除任何一絲對於自身所作所為的疑慮，也排除任何自省或道歉的必要。永遠是別人的錯，我們永遠有理由不必道歉，我們永遠是受害者而非加害者。我們一生中感覺愧疚或用來彌補過錯的時間，累加起來可能不超過半小時。我們毫無羞恥心。
- 我們注定懲罰到無辜的人。我們受到傷害，但傷害我們的人並不在場，或者我們無法反擊，因此我們把怒火轉向身旁無力抵禦的目標。從宏觀的角度來看，我們就是欺善怕惡。
- 最終，我們還是會學習、進步。在地球上生活幾十年後，我們有機會增長智慧，不過生命中總會出現更新、更飢渴、更凶猛的情緒，隨時準備重新為人類的暴力與野蠻注滿燃料。我們無法堅持自己的洞見，透過戰爭、離婚、口角而痛苦累積的智慧每隔幾年總是再次歸零。每經歷一代，我們又重回原始暴躁的狀態。我們的刀鋒更為銳利，武器更加先進，道德方面卻毫無長進；我們能力高超，卻沒有善用能力的智慧。我們一如往常地蠢笨。

- 我們對自己討厭的對象為何會犯錯絲毫不感興趣，只要能指責他們是邪惡壞蛋我們就稱心滿意了。我們從不停下來想一想，他們可能也只是因為擔心、悲傷或衝動而感到懊悔。我們以站在道德制高點沾沾自喜。
- 我們對於他人的所有表面優勢感到嫉妒，不過與其承認自己的不足與無能，我們把自愧不如轉化為毀滅的狂熱。如果有人在無意之中害我們丟臉，我們就試圖摧毀對方。我們把自己的渺小轉化為惡毒的殘酷行徑。
- 我們不願妥協，我們追求黑白分明。我們不能接受「夠好了」，也難以容忍進展緩慢。我們寧願燒光整座房子也不願耐心地整修牆壁。

- 我們覺得感激無聊透頂，令人難以忍受；對於自己所擁有的事物感到感激，這令人厭煩，怨天尤人要有趣得多。

- 儘管我們極為可笑，但我們沒有自知，所以笑不出來。我們會聘請專業的喜劇演員，但自己的蠢笨得要別人才看得出來。

- 我們執著於正義，無暇顧及仁慈。正義代表償還人們受虧欠的事物；仁慈則是更為重要的特質，代表滿足他人的迫切需要，儘管他們沒有受到虧欠。仁慈意味著知曉如何展現慈悲。

憂鬱的厭世者熱愛人們，或者曾經如此。他們一開始懷抱多麼高的期望，才會落得對自我族類如此失望的下場；他們多麼熱愛人類，才會做出自己是宇宙錯誤的結論。憂鬱的厭世者並不是惡劣刻薄，他們只是還在搜索對人類保持信心的理由，不過至少目前仍然苦尋不得。

29

滅絕與憂鬱

Extinction & Melancholy

如果有一天，人類文明自我毀滅，外星人或接替人類出現的生物會檢視這個慘遭踐踏的星球並自問：人類發生什麼事？答案可能會是以下這個樣子。

人類滅絕的根本原因不會是某次特定的災難、衝突或毀滅，問題要從人腦結構開始說起。

大腦這項工具令人嘆為觀止，其中包含一千億個神經元，能夠進行非凡的計算與組合。外星人將會注意到，各種新奇的想法都在大腦中一個特別部分開展，人類神經科學家稱之為新皮質，人腦中這個部位的大小比其他物種大上數倍，就是這個部位使人類這種極端聰明的人猿能夠產出《魔笛》、《安娜・卡列尼娜》、協和號客機和文明。

不過，我們的外星人朋友也會注意到，人腦中包含另一個部位，影響力同樣強大但沒有什麼厲害之處，這個部位叫做爬蟲腦。這個部位好鬥、縱慾、衝動，這些特質更接近鬣狗或小型齧齒類動物。

爬蟲腦導致人類出現三種嚴重問題：

1. 部落主義。人類隨時對外來者抱持殘暴的恨意，展現大規模屠殺陌生人的強烈企圖。我們從來看不出自我族類所有成員的共通人性。

2. 人類易於短視近利。即便數據就在眼前，我們還是只能設想短期未來，最多就是未來幾年，把長遠未來當作虛幻不實的狀態。人類立即的衝動因此不受控制，摧毀了個人與集體的未來。

3. 人類尤其偏愛一廂情願的想法。雖然人類擁有龐大的智識成就，人腦卻討厭自省，受不了以理性檢視自己的想法，總愛魯莽行事，偏好幻想而非計劃。人類雖然發展出科學化方法，大部分情況中卻總棄之不用，以自我催眠的態度追求消遣與幻想而不願自知。

數代以來，這三項缺陷多少受到容忍。人類發明特定機制來降低危害：

法律、健全的政府、教育、哲學、科學，這些機制多少發揮一些作用。人類持續自相殘殺，但並沒有摧毀整個種族。最終導致毀滅的原因會是，新皮質的威力日益增長、不受控制。這項強大的工具最終學會使用、控制火，使人類對地球擁有如神一般的主宰能力，而其他動物仍如鬣狗一樣依賴本能反應。人類犯錯的代價逐漸升高，其能力有如脫韁野馬，但智慧的成長卻斷斷續續、不堪一擊。最後，人類的能力超越其自制力，我們正式成為擁有核武的齧齒類動物。

只有一樣事物可能拯救人類——愛，特別是以下三種類型的愛：

1. 對陌生人的愛：待人如待己的能力，認為他人值得獲得和我們同等的恩慈與善良。

2. 對未出生者的愛：掛心尚未來到這個世界上、和我們素昧平生的人們，我們現在的自私將會影響他們未來的人生。

3. 對真相的愛：抵抗幻想與謊言的力量，勇於面對任何令人難堪的真相。

即便我們不是未來的外星人，也能瞭解這些道理。我們現在就能把災難場景看得一清二楚。最終決定文明命運的並不是法庭、選舉或政府，而是我們有無能力掌控自身兩耳之間有機體密集皺褶（爬蟲腦）的種種短視近利、自私與暴力衝動，我們能否鍥而不捨地彌補人腦充滿瑕疵的結構。

30

美國與憂鬱

America & Melancholy

多數國家深刻瞭解，人生多數時候充滿痛苦、令人不滿。苦難是常態；人生來注定受苦；若有任何獎賞，也是來生的事。將快樂視為一種權利並將此宏願明示於建國宣言中，這是美國之所以能成為眾國之例外的原因之一，也許可說是最重要的原因。

來到美國的旅客無一不注意到該國憲法中享樂主義的展現。他們的招呼熱情洋溢，微笑熱烈奔放。公路上的大型廣告看板一再宣揚該國教義，無線電中的語音聽來狂熱而歡欣。每個人都欣欣向榮。耶路撒冷不是來世的神話城市；聖城就建於這裡，由這一雙雙手在這座山坡上建成。

美利堅合眾國的藝術家，只要在此自封的俗世聖城背景前擺上真實老百姓的生活，探討他們的人生，就能創造出諷刺的效果。一位正派的愛家好男人站在迪士尼樂園奇幻城堡前傳簡訊給情婦，思索著該如何脫逃；加州馬里布天堂渡假村中一對暴躁的夫妻即將離婚；一位被排擠的舞會皇后在加長型禮車旁哭泣；一位熱情的休旅車銷售員，幾個小時後即將在陽光汽車旅館的停車場中

左：永存不滅的快樂，不可能實現的承諾。
「歡迎來到快樂鎮，不皺眉的小鎮」，美國德州

以一把點四五手槍自盡。在更多造詣更高的作品中，透過五、六種藝術形式，我們已見過眾多類似例子。

這些作品所要嘲諷的是，周圍文化使人們很難甘心接受自己的現實。如果完美應是常態，那要接納自己簡直是不可能的任務。在德州的快樂鎮（「不皺眉的小鎮」），你有什麼理由光明正大地哭泣？悲傷被認為是可恥的個人缺陷，而不是生活於這個幻想破滅的骯髒世界中必然的結果，然而後者的觀點才更具有撫慰效果。

任何存在的美國人的苦難，都被迅速定義為醫療問題，如果可行的話，就透過化學方式來根除。又或者，如果找得到咎責對象，他們可能提起訴訟。就算沒有立即的療法，也無法明確歸責於某人的失誤，美

右：伊莉莎白 ·「貝西」· 布朗 · 史蒂文斯（Elizabeth ‘Betsy’ Brown Stephens），1903 年，於 1838 年走過眼淚之路的契羅基原住民

下：眼淚之路紀念碑，喬治亞州新艾喬塔（New Echota），紀念死於眼淚之路的四千名契羅基人

國還是無法忍受將悲傷解釋為通則。承認憂鬱在美國相當困難。憂鬱不僅是個人委靡不振的證據，還違背了國家使命。

心理學告訴我們，狂喜經常是無法面對悲傷所出現的症狀。人們必須永遠掛著笑容，以免感受到內心的悲傷。進一步來說，美國用力擠出笑容不代表他們確實無憂無慮，而是因為無法忍受哀悼某些事情。

美國有兩個族群能勇於坦承自己的悲傷。眼淚之路（Trail of Tears）在美國原住民歷史中具有核心地位，用以紀念契羅基人（Cherokee）被迫從密西西比州以東的原居地，大規模遷移至今奧克拉荷馬州的位置，這項命令違背先前華府數任領導者的明確承諾。無怪乎十九世紀的原住民肖像中少見快樂的臉龐。在許多原住民社群裡，感恩節其實就是國立哀悼日。

非裔美國人經歷了美國歷史中一段相對黯淡的過程。非裔文化對於美國音樂史的一大貢獻是「藍調」並非沒有原因。也難怪主流文化的笑容必須如此燦爛，這樣才能掩飾眾多淚水。

所有國家都有其恐懼，所有民族也有其罪孽。世上沒有純淨的清白，也沒有純粹的驕傲。一個國家越願於承認其歷史中的痛苦成分，就越能與黑暗建立自然而成熟的關係。我們不需要積極展現完美的笑容，好似在躲避某種無法哀悼的事物；我們可以學習以更輕鬆的心情，面對並走上自己的眼淚之路。

31

動物與憂鬱

Animals & Melancholy

動物總數比人類多上不少。全世界人口只有七十五億，但卻有一百九十億隻雞、十億隻羊、十億頭豬和十五億頭牛。

牠們當然不快樂，但牠們也無從抱怨，牠們是地球上最憂鬱的生物。要瞭解悲傷的精髓，我們不必閱讀十九世紀患結核病詩人的詩作，也不必翻閱二十世紀中期存在主義哲學家的分析文章，只需花幾分鐘直視安格斯黑牛的眼睛，牠已經在地球上度過兩個夏天，現在距離送往屠宰場只剩幾天時間。

如果說牠們完全明瞭自己即將面臨的命運，那也太誇張了點。不過我們可以猜想，牠們可能有不好的預感；牠們所身處的體制過於系統化、結構分明，不可能全然無欺；牠們常態被餵食的高熱量餐點似有蹊蹺，幾乎沒有時間休息反芻；畜養人員將牠們從一個鋼鐵圍欄趕至另一個圍欄，或注射維生素及荷爾蒙，他們手法粗魯，令人憂心；同伴一個接一個消失以及卡車旁的低鳴，似乎預告著自己的命運。

常有人說，如果我們看過屠宰場的運作，就不敢吃肉了。不過不必透過那麼戲劇化的方式，其實只要花兩分鐘，強迫自己凝視著牧場邊緣一頭不幸的牛的雙眼，我們可能就會感到良心不安。牠們的被動及溫馴令人折服，有人可能擔心牠們會突然覺醒，發動攻擊，如果我們被踐踏至死也是罪有應得。但牠們並沒有如此，假如我們在掌心放上一株小草，牠好似漾起微笑，接著以長長的舌頭將點心掃進嘴裡。牠讓我們撫摸鼻子和側腹，這個部位不久後將掛在冷凍庫中快速移動的掛鉤上，四周散落著棄置的蹄、尾巴，還有在驚慌之中流瀉一地的排泄物和褐紅色鮮血。

牠們回看我們時，彷彿心知肚明。牠們看穿我們廉價的慾望、我們的偽裝、我們低劣的藉口和對啟蒙及良善的荒唐主張，因為自畜養出現於一萬年前的安納托力亞中部起，我們只是持續地欺騙牠們。至少一開始牠們的生命相當尊貴，受到崇敬；有些自以為是的人類甚至為牠們作詩頌歌或在宰殺當日舉辦慶典。這很可笑，不過比起和其他五十頭一同長大的同伴一起被倒掛起來，頭部殘酷地中槍，最後成為公路旁餐館擠滿番茄醬的盤子上沒吃完的肋排，皮膚還被拿來製成沙發，過去的待遇要好得多。

牠們沒有想讓我們愧疚，我們原本就充滿罪惡感。我們知道，在主要以惰性氣體及岩石構成的宇宙中，牠們其實和我們極為相像，同為複雜的細胞生命體，幾乎就像我們的手足。我們只能不斷以眾多理由來說服自己，我們和牠們不一樣：牠們不會以完整的句子說話、牠們不會思考、不會算術、讀不懂普魯塔克*……因此我們食用動物沒關係，牠們大概本來就生無可戀。牠們幾乎是自願變成晚餐，彷彿在對人類的餵食表示感激。西班牙傳教士在南美洲大開殺戒時大概也是以類似的藉口來安慰自己。

純素主義者或素食者也許太容易相信自己的純潔。跟隨本能的、痛苦的肉食者，也許才真正瞭解這種左右為難：我們的生命根本上必然以其他生命為代價；我們要生存，就會有許多其他生命因此消逝；我們是無可救藥、巧取豪奪的種族；只要想到自己的本質，我們就只能深深厭惡自己。

牛隻赴死時的唯一慰藉就是生物學法則，所有殺生者（我們）都逃脫不了生命的輪迴。總有一天，飢餓、毫無罪惡感的蛆蟲也將嚙咬我們；我們的碎塊將成為其他生物的午餐，沒有人會為我們流淚，也沒有人該哭泣。

＊編註：Plutarch，生於一世紀的希臘作家，其作品《希臘羅馬英豪列傳》（*Parallel Lives*）是西方傳記史上的傑作之一。

32

大溪地與憂鬱

Tahiti & Melancholy

我們人類有強烈的預感，總覺得天堂必然存在，而且對於天堂的樣貌有一些定見：溫暖、點綴著棕櫚樹、盛產多汁水果、充滿溫馴的動物，當地居民也都熱情而親切。中世紀作家在想像中尋覓天堂，文藝復興時期畫家透過藝術描繪其樣貌，到了十六世紀，水手開始橫渡大海，找出天堂在現實中的位置。巴拿馬沿岸、向風群島和馬達加斯加北部，都曾一度被認作天堂，不過最終的結論是，假如天堂真的存在於地球上，那必定是南太平洋上澳洲以東五千七百公里處的玄武岩島嶼，原名 Otaheite，現一般稱作大溪地。

路易－安托萬·德·布甘維爾（Louis-Antoine de Bougainville）是法國第一批探險家之一，也是第一位探索大溪地的西方人，他帶領兩艘船於一七六八年四月二日抵達大溪地東北岸的希提亞奧特拉（Hitiaa O Te Ra），馬上就認定眼前所見就是天堂。他描述這裡的人民愛好和平，飲食以熱帶水果及魚類為主，居住於海灘旁整潔的茅草屋村落中。他們穿著草裙與貝殼項鍊，崇敬大自然和天空，有愛心、體能佳又優雅，似乎不知恐懼或苦悶為何物。他們從未讀過一

左：小揚·布魯蓋爾（Jan Brueghel the Younger），
《天堂》（*Paradise*），約 1650

保羅 · 高更（Paul Gauguin），《大溪地街景》（*Street in Tahiti*），1891

本書或算過數學，心靈卻絲毫沒有因此而貧乏。在此度過恬靜的十天之後，布甘維爾將此地重新命名為新基希拉（New Cythera），以神話中愛神阿芙蘿黛蒂的家鄉為名。一七八八年，英國考察隊在大溪地花費五個月研究當地果樹，可想而知，部分船員決定發動叛亂，不願乘HMS邦蒂號（HMS *Bounty*）返回英吉利海峽。大溪地秀麗的自然景色傳回歐洲，點燃大眾的想像。雖然當地並不富有，科技也相對落後，但卻令現代社會自愧不如，因為當地人民似乎參透了巴黎及倫敦的聰明才智所想不透的問題：如何感到心滿意足。

即便是現在，我們可以前往戴高樂機場，飛行十二個小時抵達洛杉磯國際機場，短暫停留四小時後，再轉機飛行九小時至一萬五千七百公里以外的大溪地法阿國際機場。出了海關之後，通道上的標語寫著：「歡迎來到天堂」，這全然不是誇大豪語。大溪地榮登我們想像的中心位置，這既是他們的光榮，也是他們的不幸。

布甘維爾當時所見的美景多數仍保留至今，因此我們能確知自己來到正確的地方——晴天早晨的明亮天空、多汁的水果、明媚的花朵、美好的人們，現在還加上座落於機場附近小海灣的洲際大溪地渡假村以及其中七座泳池、五間餐廳、蒸氣室、瑜伽中心和茅草小屋。

然而，憂鬱仍可能降臨這座熱帶小島：當天空下起雨，飯店賓客紛紛拿著溼透的浴巾撤離海灘，跑進飯店大廳躲雨；當經理微笑著安慰大家，天氣很快就會放晴；當我們坐著閱讀大衛・史威特曼（David Sweetman）撰寫的高更傳記（他於一八九一年來到大溪地，把梅毒傳給所有人），或希拉蕊・斯珀林（Hilary Spurling）的亨利・馬諦斯傳記（Henri Matisse，一九三〇年來到此地，在首都帕皮提〔Papeete〕俯瞰海濱但現已廢棄的斯圖爾特酒店〔Hôtel Stuart〕房間裡感到無聊又寂寞）。

高更將這座島的所有困厄，都歸咎於十九世紀的傳教士，是他們害所有人變得不友善；使大溪地人對性感到罪惡；鼓勵女性掩蓋胸部；教導孩童唱頌聖歌。

馬諦斯不懂為何自己情緒低落。他什麼都不缺。他到海灘散步，嘗試划獨木舟，面對如此美景卻感覺自己不配。他至此以前生活艱苦，對於這種幸福感覺措手不及。他在天堂該做什麼？他沒辦法將之化為藝術，那彷彿直視太陽，令他睜不開眼。他從陽臺上隨手速寫幾朵花，或到潟湖邊畫幾棵樹，但他很快感到難以承受。要到許久之後，當馬諦斯返回歐洲，經歷更多苦難，經過第二次世界大戰，罹患十二指腸癌並喪失行走能力之後，那失去的美才開始縈繞他的心頭：當地碧綠的海水、石珊瑚、玻里尼西亞地鳩、蝠魟和大海龜。天堂必須成為

亨利・馬諦斯，《大洋洲記憶》，1952-1953

被渴望的對象，才能進入想像之中，最終在馬諦斯臨死之前，化為代表快樂的抽象作品，他將這幅畫命名為《大洋洲記憶》（*Memory of Oceania*）。

天堂可能違背我們的本性。我們的血管之中搏動著焦慮，我們容易不安，容易聽信蛇的讒言，我們自己就是蛇，隨時準備好毒害與違抗。我們把全部的「自己」搬進世外桃源，包括我們的躁動、悔恨、不滿、無知和壓抑的怒氣。前文提到的那些英國叛亂者後來自相殘殺，引發部落戰事，某些人還喪失了理智；高更也曾試圖割喉自盡。在天堂裡，我們最容易劇烈感受到自己的不足與憂鬱。

33

政治與憂鬱

Politics & Melancholy

我們習於根據右翼或左翼來區分人們的選舉投票立場。不過也許有另一種區分選民更精準的方法，這牽涉到人性中更廣義而深層的面向。我們也許可以將選民分為浪漫派與憂鬱派，這兩種迥異的選民類型有以下幾項不同點：

革命 vs. 演化

浪漫派相信，只要能快速採取大膽措施，例如達成或廢除某項協議、發動或結束戰爭，更美好的世界就在不遠處。浪漫派認為管理國家不能太有耐心，他們也不認為憤怒是罪大惡極的缺點，總比過於寬容要好。浪漫派對事物的理想樣貌充滿期待，而且總是以想像中的高標準來評斷世界目前的狀態。多數時候，現狀為他們帶來強烈的失落感，他們認為政府上下都不公、推諉、妥協、怯懦。

另一方面，憂鬱的選民極不信任突然的表態與行動，他們會特別注意可能出錯的地方，注重如何緩和不利因素。他們知道，多數事情可能變得更糟。

在譴責某項政策之前，他們會以歷史作為評斷標準，因此認為在現行情況下，目前的安排還算可以接受……他們對於人民的看法相當黑暗，他們相信所有人大概都比表面更糟糕一些。他們認為人類的衝動、慾望與動機深具危險性，也相信政治的目標是試圖控制這些危險因素，而不是解放天分、力量、美與善。崇高的理想令他們緊張，他們只希望事態不要變得更糟。即便他們希望有所改進，也是在謹慎而適度的情況下進行。他們猜測世界可能稍微變得更好，大概是三百年以後吧。

責怪 vs. 責任

浪漫派能看出世上種種出錯的地方，而且自信能分析出誰該為此負責：也許是某個社會族群或某個階級……問題一定來自某人的錯，因此政治的目標就是找出為惡者並祭出應有的懲罰。浪漫派相信自己的純粹無瑕，他們確信自己不會和敵人一樣齷齪，因此可以秉持清白的良心抨擊對方。

憂鬱的選民也注意到世界的不堪，不過對於自己的罪惡與錯誤也有高度自覺，因此對於歸咎責任較為遲疑。他們心裡明白，假如情況有所不同，自己也很可能會是為惡者，也相信沒有人可以獨斷是非對錯。他們認為邪惡平均分散於各個族群與階級，因此首要任務是寬容地饒彼此一馬。

個人vs.體制

浪漫派選民相信歷史上所有偉大事蹟都歸功於天才橫溢的個人掌握自我命運，抵抗群眾以及體制的惰性與保守心態。

憂鬱選民對於單一行為者全權處理公眾事務深感憂心，因為我們所有人都有天生的弱點，即便是聰明才智者也不例外，因而可能導致災難。因此憂鬱選民贊同具有法律基礎而行動遲緩的體制，體制的目的在於限制個人權力，以免任何人有能力過快改變集體的行進方向。

黑白分明 vs. 懷疑論

浪漫派選民相信我們可以明白瞭解某個情況或議題，能夠確保充分的正義與是非。因此，對於我們不同意的人，就不必禮貌傾聽他們的說法。他們顯然大錯特錯，必要時可以將他們靜音或擱置一旁。

憂鬱的選民具有極高的警覺心，深知自己或他人對政策的分析可能出現失誤，因此他們願意傾聽並包容異議，他們相信，不同的意見也可能包含部分真相。

力量 vs. 謙遜

浪漫派選民認為一個國家要保全自己最好的方法，就是表現至高無上的「力量」。

憂鬱選民認為保障安全最好的做法，是建立良好的觀感，因此應避免可能令鄰國不快、緊張或困惑的行動。他們瞭解力量易使他國想要迎頭趕上，因此最好的辦法可能是為了最糟的情況暗自訓練，不過在公開場合中屢屢伸出友誼之手。

†　†　†

浪漫派與憂鬱派的政治立場都有其道理，沒有一邊完全正確或完全錯誤，兩者必須取得平衡，我們也不可能完全屬於某一邊。不過由於良好的政治格局需要兩派之間審慎的平衡，而在當今情勢中，憂鬱選民政治立場中的獨特主張與智慧，值得眾多國家仔細傾聽與發掘。

34

內心批判者與憂鬱

The Inner Critic & Melancholy

我們心裡幾乎都有「內心批判者」這樣一個角色。他通常深夜來訪，等待我們身心俱疲之際，開始低聲訴說惡毒、糟糕的話語，試圖破壞所有平靜、自信與自我同情的可能性。這位內心批判者確信我們不該存在，而且透過非常隱微而富創意的方式編造各種原因，敦促陷入絕境的人們自我了結。

面對內心批判者的猛烈抨擊時，我們通常不知所措，不知道該如何回應。我們獨自與批判者困在隧道之中，全然忘了也許還有另一個觀點來看待自己的處境。我們放任自己遭受無情的指控攻擊，陷入自我鞭笞與絕望之中。

我們應趁腦袋清醒時準備一兩則回覆，以待批判者下次來訪時予以回應。

† † †

「你是徹底的輸家。」

人生從來就不只有一種說法。希望與絕望的差異在於，針對同一件事實，透過不同方式可以講出大相逕庭的兩種故事版本。當然你可以把每件事都編造成悲劇，自殺永遠不缺理由。不過我們可以試試不同的說法，以另一種方式講述你的人生故事：「你面對龐大逆境，仍努力好好過日子；你曾犯下一些嚴重錯誤，但孰能無過？你也已經付出沉重的代價。從許多方面來說，你受的苦遠超過你該受的懲罰。你經歷過困厄，但你仍盡力為善、愛人，持續邁開步伐。」你的墓碑上可能寫著：「拚盡全力」，或者，「儘管面臨種種挫折，仍保持心地善良。」這是講述生平時更寬容又不失公允的方法。

「你令人反感，完全不值得同情。」

這時，你可能會想，這位內心批判者是從何而來？答案只有一個：內心批判者總是來自被內化的外在批判者。你之所以批評自己，是因為曾經有人對你這麼說，或曾讓你有這種感覺。遠離這個精神錯亂又刻薄的瘋子，向他們提出質疑：你在我腦袋裡做些什麼？對任何人都不該如此說話。你樂於承認自己的缺點，所有弱點，每一項缺失；你願意道歉、彌補過錯並接受應有的懲罰，但不包括這樣的數落，有任何人值得遭受這樣的對待嗎？批判者只想要置你於死地，但他們沒有權利手持大槌，長驅直入闖進你的腦袋。

「所有人都知道如何過生活，就你不懂」

這是另一個典型的空洞指責。事實上，我們不知道別人的情況，我們只知道別人外在的樣子，只能從他們決定說出口的話來判斷，想當然耳，他們會隱藏所有辛酸苦澀，這些苦澀我們再明瞭不過。我們幾乎可以肯定，其他人也發狂似地受罪惡感與恐懼折磨。當然也有一些人似乎擁有完美的人生，不過那只是因為你和他們不熟才有這樣的誤解。近距離觀察就會發現，沒有人正常，沒有人無憂無慮。人生需要苦苦搏鬥，所有人都不例外。別再拿自己深切的真相與他人擺出的廣告招牌做比較了。

「你犯下不可饒恕的錯誤」

同樣的，你沒必要否認。最好的防禦就是以退為進，大方承認：沒錯，我曾犯過幾個糟糕，甚至是災難性的錯誤！沒錯，我就是大白痴！不過花點時間想想自己的童年，回想自己的經歷、背景，你還能保持些微理智已是人中豪傑；你還能站在這裡，說出自己的名字已經是奇蹟一件。世上沒有完人，人世就是殘破人們的診間。別再以追求完美的想法來折磨自己，光是還活著就該感到慶幸。

「情況永遠不會好轉」

事實是：沒有人知道，沒有人知道未來會如何。最詭譎、糟糕的事情可能突然發生；最奇異、美好的事物也可能一夕之間出現。絕望會使你誤以為已經知道結局。請堅持下去。

「大難即將臨頭」

內心批判者熱愛激起恐懼，堅稱即將出現令人厭惡的事情。對付這種虐待狂，你應該以其人之道，還治其人之身。別期望事情會很有趣，也別讓自己對潛在的災難擔心受怕。請先發制人。沒錯，未來可能出現問題，那又怎樣？沒有什麼事無法處理。慢慢來，人生還是可以走下去。就算只剩一條腿、被流放、舉目無親、收入微薄，日子還是可以過下去。你應付得來。

「沒有人愛你，也沒有人可能愛你」

這句話聽起來格外具有說服力，尤其是在凌晨三點的時候，但這不是真的。你受過苦，你很坦誠，也願意仁慈待人，這就足以讓人緊跟著你。多數人都愛贏家，但你不需要「多數人」，只要專注於心胸寬大的少數人就好。向他們坦承你的痛苦，他們會知道怎麼找到你。

「你好醜」

沒錯，可能的確如此，但很多人也很醜，只要你愛他們，就會看見他們的內心，你愛的是他們的個性。對於自己深愛的人，你大概已經很久沒有在意他們的外表了。

「五年後的你會是什麼樣子？」

到了這時候，誰在乎呢？把人生切成更細碎的時間區隔，只要能撐到下一餐、撐到洗個舒適的澡，這就是一大成就了。縮小抱負是生存的先決條件，只要下個鐘頭沒有發生慘絕人寰的事情就是一大勝利，接下來能擁有平靜的十分鐘就值得慶幸。

「你很想死，對不對？你也應該去死」

絕對不是這樣。你只是覺得活著很困難，但你很想要活下去。你想要找到當個好人的方法並繼續下去，你可以的。

† † †

到這裡，內心批判者可能因為受到抵抗而憤憤離去，留給我們幾個小時的清淨。這時，我們應該想起自己五歲時的情境，那時有人溫柔地照顧我們，撫摸我們的頭髮，呼喚親暱的小名。從那之後，人生變得困難許多，但我們仍值得一樣的對待：我們都像小孩一樣，值得獲得原諒，值得寬容對待。我們都在掙扎前行，盡力而為。我們可能憂鬱，但我們也能抵抗悲劇。

35

園藝與憂鬱

Gardening & Melancholy

我們應該注意到十八世紀歐洲著名小說《憨第德》（*Candide, or Optimism*）的副標題（樂觀主義），作者伏爾泰（Voltaire）於一七五九年充滿靈感的三天內寫成這本書，他想藉由諷刺手法摧毀的核心目標是他身處年代的希望：關於科學、愛、技術進展與理性的希望。作者非常憤怒，科學怎麼可能改善世界；科學只是暴君的新武器。哲學當然無法解決邪惡的問題，只是顯露我們的虛榮。同樣的，愛只是幻覺、妄想，導致人類無可救藥地邪惡，使未來變得荒謬可笑。他想讓讀者對此毫無疑義：希望是一種病，而伏爾泰博愛的目標是要根除我們心中的希望。

然而，伏爾泰這本小說不全然是一齣悲劇，他個人的哲學也不是尖刻的虛無主義。這本書以溫柔雋永、堅忍的筆調作結，猶如一首輓歌；這是憂鬱觀點有史以來最優美的表露。書中主角憨第德和他的同伴周遊世界，受盡諸多苦難：他們遭遇過迫害、船難、強暴、地震、天花、飢餓和折磨。不過他們大抵撐了過來，在小說最後幾頁，他們來到土耳其（伏爾泰相當欣賞的一個國家），居住在伊斯坦堡郊區的一座小農場中。有一天，他們聽聞鄂圖曼法庭的事故：兩位維齊爾*和穆夫提†被勒死，還有其他數位同僚遭到刺殺。這則新聞導致人心惶惶。憨第德和友人馬丁及潘格洛斯在農場附近散步，路上遇到一位老人，對方平靜、不問世事地坐在自家旁的橘子樹蔭下：

愛打聽又好爭論的潘格洛斯詢問老人，是否知道被勒死的穆夫提叫什麼名字。智慧的老人回答：「我不知道，我不認識任何穆夫提或維齊爾，我不知道你在說什麼。我的原則是，干涉政治的人通常不得善終，他們也活該如此。我從不關心君士坦丁堡（伊斯坦堡舊名）的事情，我只在意我在花園裡栽種的水果能否送到那裡販售。」說完這段話，老人邀請這幾位陌生人進到家裡；他兩位兒子及兩位女兒端上好幾種自製雪酪，以奶油製成，另外添加糖漬橙皮、

---

* 譯註：舊時穆斯林國家的官員。
† 譯註：解釋伊斯蘭教法的學者。

橘子、檸檬、鳳梨、開心果和摩卡咖啡……用完甜點後，正直穆斯林老人的兩位女兒為陌生人的鬍子噴上香水。憨第德對這位土耳其老人說：「你一定有廣闊、肥沃的土地，我只有二十英畝。」老人答到：「我和孩子們栽種作物；勞動保護我們免於三種邪惡：擔憂、墮落與匱乏。」憨第德在返家途中，深自思索老人的話語，向潘格洛斯和馬丁說道：「這位正直的土耳其人似乎過得比國王更好……我也瞭解到，我們也該栽種自己的花園。」

伏爾泰的讀者群主要是基督教徒，他喜歡戳刺他們的偏見，尤其熱愛安排以穆斯林之口說出書中最重要的臺詞（同時也可說是現代思潮中最重要的格言），這本書中真正的哲學家正是「那位土耳其人」，他說：*Il faut cultiver notre jardin*（法文原文），意思是「我們該栽種自己的花園」，其他翻譯版本包括「我們該栽種自己的蔬菜」、「我們該照顧自己的土地」、「我們必須耕種自己的田地」。

伏爾泰的這則園藝建議是什麼意思？他的意思是，我們應該與世界保持距離，因為過於密切關注政治或輿論可能迅速引致煩惱與危險。至此我們應該明白，人類四處為亂，而且在國家的層次上絕不可能達到我們所期望的邏輯與良善。我們不該讓整體國家或人民的狀態影響自己的心情，否則眼淚沒有止息的一天。我們應該生活在自己小小一方土地上，而不是成天在意陌生人的想法。同時，由於我們的心靈常受焦慮與絕望所擾，我們應該保持忙碌，專注於一項計畫。計畫不必過於龐大，也不必與世隔絕，只要能讓我們每晚疲累又心滿意足地入睡就行。這項計畫可能是扶養小孩、寫書、照料房子、經營一家小店或小生意。當然，也可以是耕種幾英畝的土地。這裡可以注意到伏爾泰在地域方面毫無野心，我們不該試圖照料全人類，我們不應理會國家或國際規模的事務，只要照料幾英畝土地並專注於此。照顧小果園，種幾棵檸檬和杏樹；照顧幾塊耕地，種植蘆筍和紅蘿蔔。如果想要獲得內心平靜，就不要煩惱涉及全人類的問題。誰在乎君士坦丁堡的事情，誰在乎穆夫提發生什麼事？像土耳其老人一般平靜地生活，在自家旁的橘子樹蔭下享受陽光。這就是伏爾泰啟發人心、極為重要的園藝寂靜主義。他提出警告，也指引我們方向。

伏爾泰安排以穆斯林之口說出栽種花園的智慧名言並非巧合。他為了撰寫《風俗論》（*Essay on Universal History*）閱讀大量伊斯蘭文獻，這本書早《憨第德》三年出版，因此他充分瞭解花園在伊斯蘭宗教信仰中的地位。穆斯林認為，整體世界永遠不可能臻於完美，因此虔誠者應該打造一座精心呵護的花園，藉此預示理想的境界（若花園不可行，那就以掛毯來描繪理想的花園）。園中應有四條渠道，象徵著天堂中的四條河流，據說分別流淌著水、奶、酒和蜜，渠道的交會處代表大地的肚臍（*umbilicus mundi*），生命的禮讚在此誕生。園藝並不是瑣碎的消遣，而代表著我們追求的良善與優雅，透過專注於能夠反映這些特質的事物，我們藉此抵禦混亂又危險的外界。

憂鬱者知道人類（尤其是我們自己）已經無藥可救，我們已經放棄全然純粹與無瑕快樂的夢想。我們知道大部分世界都糟糕又邪惡，令人心碎，我

比尚達斯（Bishndas），《巴布爾回憶錄》（*Baburnama*）插圖，圖中顯示蒙兀兒皇帝巴布爾（Babur）正監督一座喀布爾花園的格局安排，約 1590

們知道自己的心靈充滿惡魔，無法獲得長時間的平靜。然而，我們盡力避免陷入灰心喪志，我們仍對仁慈、友誼、藝術與家庭生活充滿興趣，也熱愛花費一個平靜下午的時間從事園藝。到頭來，憂鬱的狀態是殘破人們的唯一安身之處。我們曾經懷抱希望、曾經嘗試愛情、曾經受名氣誘惑、曾經絕望、曾經發瘋、曾經考慮結束一切，但決定繼續下去，經歷這種種之後，我們昇華至憂鬱的境界。這是面對痛苦最適宜的方法，也是疲憊心靈面對希望與良善最有智慧的態度。

圖片來源

p. 13 上圖　Nicholas Hilliard, *Young Man Among Roses*, c. 1585–1595. Vellum and watercolour, 13 cm × 3 cm. Victoria and Albert Museum, London, England / Wikimedia Commons

p. 13 下圖　Isaac Oliver, *Edward Herbert, 1st Baron Herbert of Cherbury*, 1613–1614. Watercolour on vellum, 18.1 cm × 22.9 cm. Powis Castle, Welshpool, Wales. National Trust / Wikimedia Commons

p. 15　Albrecht Dürer, *Melencolia I*, 1514. Engraving, 24.5 cm × 19.2 cm. National Gallery of Art, Washington, D.C., USA. Gift of R. Horace Gallatin. Image courtesy National Gallery of Art.

p. 21　Zacharias Dolendo, *Saturn as Melancholy*, 1595.Rijksmuseum.

p. 45 上圖　Workshop of Giovanni Bellini, *Madonna and Child*, c. 1510. Oil on wood, 34.3 cm × 27.6 cm. The Metropolitan Museum of Art, New York, USA. The Jules Bache Collection, 1949. Image courtesy The Metropolitan Museum of Art.

p. 45 下圖　Sandro Botticelli, *Madonna and Child*, c. 1470. Tempera on panel, 74 cm × 54 cm. National Gallery of Art, Washington, D.C., USA. Andrew W. Mellon Collection. Image courtesy National Gallery of Art.

p. 50　NASA / JHUAPL / SWRI

p. 116　Rainer Ebert / Wikimedia Commons

p. 117　SoiHong / Wikimedia Commons

p. 119　Luis García / Wikimedia Commons

p. 153　Katsushika Hokusai, *Ejiri in Suruga Province (Sunshū Ejiri)*, 10th image from the series *Thirty-six Views of Mount Fuji (Fugaku sanjūrokkei)*, c. 1830–1832. Woodblock print; ink and color on paper, 25.1 cm × 37.5 cm. The Metropolitan Museum of Art, New York, USA. Henry L. Phillips Collection, Bequest of Henry L. Phillips, 1939. Image courtesy The Metropolitan Museum of Art.

p. 155 上圖　Katsushika Hokusai, *The Inume Pass in Kai Province (Kōshū Inume tōge)*, 8th image from the series *Thirty-six Views of Mount Fuji (Fugaku sanjūrokkei)*, c. 1831–1832. Woodblock print; ink and colour on paper, 25.1 cm ×

37.8 cm. Credit as above.

p. 155 下圖 Katsushika Hokusai, *Under the Wave off Kanagawa (Kanagawa oki nami ura)* or *The Great Wave*, 1st image from the series *Thirty-six Views of Mount Fuji (Fugaku sanjūrokkei)*, c. 1830–1832. Woodblock print; ink and colour on paper, 25.7 cm × 37.9 cm. Credit as above.

p. 177 Alizada Studios / Shutterstock

p. 178 上圖 Lmaotru / Wikimedia Commons

p. 178 下圖 Thomson200 / Wikimedia Commons

p. 189 Jan Brueghel (the Younger), *Paradise*, c. 1650. Oil on oak wood, 60 cm × 42.4 cm. Gemäldegalerie museum, Berlin, Germany. Universal Images Group North America LLC / Alamy

p. 190 Paul Gauguin, *Street in Tahiti*, 1891. Oil on canvas, 115.5 cm x 88.5 cm. Toledo Museum of Art, Toledo, USA / Wikimedia Commons

p. 193 Henri Matisse, *Memory of Oceania*, 1952–1953. Gouache on paper, cut and pasted, and charcoal on paper mounted on canvas, 284.4 cm x 286.4 cm. © Photo: Scala © Succession H. Matisse / DACS 2021

p. 215 Bishndas, illustration from the *Baburnama* showing the Mughal emperor Babur supervising the laying out of a Kabul garden, c. 1590. Watercolour on paper, 21.7 cm x 14.3 cm. Victoria and Albert Museum, London, England / Wikimedia Commons

國家圖書館出版品預行編目 (CIP) 資料

憂鬱的種類：關於陰暗情緒的希望指南／人生學校（The School of Life）著；林怡婷譯 . -- 初版 . -- 新北市：方舟文化出版：遠足文化事業股份有限公司發行，2022.07
面；　公分 . --（心靈方舟；41）
譯自：Varieties of Melancholy: A Hopeful Guide to Our Sombre Moods
ISBN 978-626-7095-53-9（平裝）

1.CST: 憂慮 2.CST: 情緒管理 3.CST: 生活指導

176.527　　111008946

心靈方舟 0041

憂鬱的種類

關於陰暗情緒的希望指南

Varieties of Melancholy: A Hopeful Guide to Our Sombre Moods

作者　人生學校
譯者　林怡婷
封面設計　萬勝安
內頁設計　黃馨慧
主編　邱昌昊
行銷主任　許文薰
總編輯　林淑雯

讀書共和國出版集團
社長　郭重興
發行人兼出版總監　曾大福
業務平臺總經理　李雪麗
業務平臺副總經理　李復民
實體通路協理　林詩富
網路暨海外通路協理　張鑫峰
特販通路協理　陳綺瑩
實體通路經理　陳志峰
實體通路副理　賴佩瑜
印務　江域平、黃禮賢
林文義、李孟儒

出版者　方舟文化／遠足文化事業股份有限公司
發行　遠足文化事業股份有限公司
231 新北市新店區民權路 108-2 號 9 樓
電話：（02）2218-1417
傳真：（02）8667-1851
劃撥帳號：19504465　戶名：遠足文化事業股份有限公司
客服專線：0800-221-029　E-MAIL：service@bookrep.com.tw
網站　www.bookrep.com.tw
印製　沈氏藝術印刷股份有限公司　電話：（02）2270-8198
法律顧問　華洋法律事務所　蘇文生律師
定價　380 元
初版一刷　2022 年 07 月

方舟文化官方網站　方舟文化讀者回函